Victimes de la route

BIOGRAPHIE

L'auteur : Emily Costello vit à Boston, dans le Massachusetts. Journaliste de métier, elle a deux passions dans la vie : les sciences naturelles et écrire des histoires pour les enfants.

L'illustrateur : Christian Heinrich est né le 26 août 1956 à Sélestat, petite ville alsacienne. Il a suivi les cours de l'École supérieure des arts décoratifs de Strasbourg, avec Claude Lapointe ; il y enseigne aujourd'hui. Il a illustré de nombreux ouvrages chez Milan, Albin Jeunesse, Rageot, Hachette…

Titre original :
Hit-and-Run Retriever
© Texte, 2000, Emily Costello
Publié avec l'autorisation de HarperCollins Children's Books,
une division de HarperCollins publishers Inc.
Tous droits réservés, reproduction même partielle interdite.
© 2006, Bayard Éditions Jeunesse
pour la traduction française et les illustrations.

Loi n° 49-956 du 16 juillet 1949 sur les publications destinées à la jeunesse.
Dépôt légal : novembre 2006
ISBN : 2 7470 1944 6

Imprimé en Allemagne par Clausen & Bosse

Victimes de la route

EMILY COSTELLO

TRADUIT DE L'AMÉRICAIN
PAR ARIEL MARINIE

ILLUSTRATIONS INTÉRIEURES DE CHRISTIAN HEINRICH

BAYARD JEUNESSE

LES HÉROS DE CETTE HISTOIRE

Jenifer Sullivan a neuf ans. Elle rêve de devenir vétérinaire, comme sa tante Anya. Elle se rend donc régulièrement à la clinique pour l'aider.

Anya est la sœur jumelle de Norma. Elle est la seule vétérinaire de la petite ville de Gateway, dans le Montana.

Cora Sullivan, quatorze ans, est la sœur aînée de Jenifer. C'est une passionnée des chevaux. Avec sa sœur, elle a fondé l'association «Les Enfants en faveur des loups».

Jack et Norma Sullivan sont les parents de Jenifer et Cora. Norma, qui est biologiste, peut aider Anya lorsqu'il s'agit d'animaux sauvages.

1

Jenifer se sentait d'une humeur exécrable. L'été touchait déjà à sa fin, et le jour de la rentrée était arrivé.

La fillette aimait bien l'école, aucun problème de ce côté-là. Mais il y avait son chien Rufus. L'idée de devoir le laisser seul toute la journée la contrariait.

Assise à même le sol de la cuisine, le visage enfoui dans la fourrure de l'animal, elle essayait de se persuader que l'on était au mois de juin et non en septembre. Devinant que quelque chose n'allait pas, le chiot n'arrêtait pas de lui tourner autour en lui léchant le visage avec sa minuscule langue rose. Cela la faisait rire, sans toutefois lui rendre ses bonnes dispositions.

Rufus était un petit chien. Trouvé sur une aire de repos au bord d'une autoroute à l'âge de deux semaines, il avait à peu près la taille d'un bichon maltais ou d'un caniche nain, et personne ne savait à quelle race il appartenait.

Jenifer l'avait adopté juste avant les vacances d'été, et en quelques mois, Rufus était devenu un chien vigoureux au poil brillant.

— Viens manger tes céréales, ma chérie, sinon tu vas arriver en retard à l'école, appela Norma, la mère de Jenifer, depuis la cuisine.

— Je ne veux pas aller à l'école, protesta Jenifer. Rufus va mourir d'ennui, sans moi.

Norma étouffa un bâillement :

— Ne vois pas les choses en noir dès le matin, dit-elle. Allons, Jenifer, dépêche-toi. Il ne te reste que dix minutes pour finir ton petit-déjeuner.

— Et Rufus ?

— Il peut très bien se passer de toi pendant quelques heures.

— Tes céréales, intervint Jack, le père de Jenifer. Tout de suite !

Jenifer alla s'asseoir à la table à contre-cœur. Elle avala le contenu de son bol, prépara son déjeuner et enfila ses chaussures. Avant de partir, elle posa un baiser sur le front soyeux de son protégé.

— Sois gentil, dit-elle. Je rentrerai aussitôt après l'école.

Rufus la suivit jusqu'à la porte de la cuisine. Lorsqu'elle sortit, il lui emboîta le pas. Elle le repoussa doucement du bout de sa chaussure et tira vite la porte derrière elle, puis elle dévala les marches et alla chercher son vélo dans la remise, poursuivie par les glapissements désespérés du chiot.

« Je déteste l'école ! » rageait-elle en son for intérieur. Avec un soupir, elle enfourcha sa bicyclette et partit.

La route 2A semblait encore calme dans la lumière matinale. Le feuillage des trembles qui la bordaient était toujours vert. Arrivée au stop du carrefour, Jenifer s'arrêta. Des camions et des camping-cars filaient à toute allure sur la R 98, qui conduisait en ville.

Jenifer tourna à droite en prenant soin de demeurer sur le bas-côté. Elle se dressa sur les pédales et accéléra, pressée d'en finir avec cette partie du trajet. Elle avait peur de la R 98, surtout en été, quand il y avait tant de trafic en direction de Goldenrock, le parc national qui entourait sa ville natale de Gateway, dans le Montana. Il attirait de nombreux touristes, qui s'arrêtaient en ville pour se restaurer, acheter des provisions ou demander un permis de pêche. La plupart roulaient beaucoup trop vite, bien que la vitesse fût limitée à 40 kilomètres à l'heure.

Jenifer pédala de toutes ses forces pendant cinq minutes, doublée sur la gauche par un flux ininterrompu de camions et de camping-cars. Elle passa devant un panneau qui annonçait : « BIENVENUE À GATEWAY, MONTANA. POPULATION : 9 812 HABITANTS ».

Juste après, il y avait un virage en épingle à cheveux. Au moment où elle le prenait, elle aperçut une tache sombre sur la route, à quelques mètres devant elle. Elle ralentit, plissant les paupières pour voir de quoi il s'agissait. Une tortue !

Le petit animal se trouvait sur la double ligne jaune, tourné vers la file de Jenifer. La fillette distinguait nettement le dôme jaune et brun de sa carapace. Soudain, la minuscule tête apparut, suivie de quatre pattes toutes plates. La tortue commença à s'avancer en direction de Jenifer.

VRAOUM !

– Oh non ! s'écria la jeune cycliste, faisant un bond en arrière pour éviter une grosse caravane blanche qui lui fonçait droit dessus.

Un instant plus tard, le bolide avait disparu. À cause du virage, il était difficile de voir si d'autres véhicules approchaient. Jenifer tendit l'oreille : aucun bruit de moteur. Prenant une profonde inspiration, elle s'élança vers la tortue et s'accroupit à côté d'elle. L'animal avait presque complètement rentré la tête et les pattes, mais on voyait bien qu'il était blessé : sa carapace était à moitié écrasée. Était-ce l'œuvre de la caravane qui venait de passer ou d'une autre voiture ? Difficile à dire, mais peu importait ! Ce qui comptait, c'était de sauver le reptile.

Jenifer hésitait. Et si sa carapace craquait complètement lorsqu'elle la soulèverait ? Cela risquait de l'achever… À quoi ressemblait une tortue sans carapace ?

Un bourdonnement sourd… Encore une voiture ! Jenifer s'enfuit vers le bas-côté.

VRAOUM !

Un énorme camion prenait le virage à fond de train. Jenifer ferma les yeux, craignant le pire. Elle les rouvrit dès qu'il fut passé. La tortue était toujours là – épargnée, semblait-il.

« Fais quelque chose ! se dit Jenifer. Vite ! »

Elle retourna sur la route en courant. Serrant les dents, elle souleva la tortue avec précaution. L'animal essaya de rentrer la tête, mais sa carapace fissurée l'en empêchait. La pauvre ! La fillette retourna vers sa bicyclette et se remit en selle en tenant la victime d'une main et le guidon de l'autre. Deux minutes plus tard, elle s'arrêtait devant la clinique vétérinaire de sa tante Anya.

Couchant son vélo sur la pelouse, elle se précipita à l'intérieur.

– Tante Anya ! appela-t-elle.

Anya était l'unique vétérinaire de Gateway. Autant dire que le travail ne manquait pas ! Elle passait la plus grande partie de son temps à faire la tournée des nombreux ranchs de la région, vaccinant les vaches et soignant les chevaux.

Les propriétaires de chiens, chats, oiseaux et lapins nains lui apportaient leurs protégés à la clinique. Il lui arrivait même de soigner des loutres blessées, recueillies par Jenifer ou Norma, employée au parc national comme biologiste spécialisée dans la faune sauvage.

Jenifer adorait les animaux et venait à la clinique dès qu'elle trouvait un instant de libre.

— Tante Anya! cria-t-elle de nouveau en franchissant le seuil de la porte.

— Jenifer! Tu as un problème?

Anya passa du bureau dans le couloir sans quitter sa chaise à roulettes. Elle était au téléphone.

— Moi, non, mais cette tortue ne va pas bien du tout! Regarde, elle laisse échapper une sorte de liquide.

Anya reposa le combiné et se leva pour prendre la tortue dans le creux de ses mains. Elles entrèrent dans la salle de soins, et Anya plaça l'animal sur la table d'examen en acier inoxydable. Jenifer l'observait d'un air inquiet.

— Touchée par une voiture, hein? demanda Anya.

— Oui.

Anya pinça l'une des pattes arrière de la tortue. Lentement, comme si elle se mouvait dans de la gelée, celle-ci tourna la tête pour voir ce qui causait la douleur.

— Bien, murmura Anya en pinçant l'autre patte arrière.

Même réaction.

– Ça ne lui fait pas mal ? demanda Jenifer.

– Un peu, répondit Anya. Mais je dois m'assurer qu'elle n'est pas paralysée.

– Et alors ?

– Les réflexes sont bons – pour une tortue, fit Anya avec un sourire. Comment allons-nous la baptiser ?

Jenifer se détendit. Anya ne songerait pas à donner un nom à l'animal si elle le croyait condamné.

– C'est une femelle ou un mâle ? s'enquit la fillette.

Sa tante haussa les épaules :

– Avec les tortues, c'est difficile à dire. Si on l'appelait John ?

– Pourquoi John ?

– Comme John Steinbeck, expliqua Anya.

– C'est un écrivain, non ?

– Oui. Et il y a une tortue dans un de ses livres, *Les Raisins de la colère*. Une tortue qui essaie de traverser la route. Lis-le un de ces jours.

Jenifer s'esclaffa :

– D'accord !

Anya semblait satisfaite de l'examen.

– Maintenant, nous allons nettoyer les plaies de notre blessé.

Sur ses instructions, Jenifer alla chercher de l'eau oxygénée dans un des placards. Elle en aspira une petite quantité à l'aide d'une seringue graduée et la fit gicler sur les blessures de la tortue. Du liquide se répandit sur la table. Des bulles blanches apparurent dans les fissures de la carapace.

Curieux, John tendait le cou et tournait la tête dans tous les sens pour voir ce qu'il se passait.

– Et ensuite ? demanda Jenifer.

– Il faut attendre que les blessures sèchent, répondit Anya. Nous allons laisser John se reposer un peu, puis nous verrons ce que nous pouvons faire pour réparer sa carapace.

– Super ! s'écria Jenifer.

Elle n'avait jamais vu sa tante opérer une tortue. À vrai dire, elle n'avait jamais entendu parler d'une telle intervention. Ça devait être passionnant!

— Ce sera long? questionna-t-elle.

— Quelques heures.

Jenifer leva les yeux vers l'horloge et fit une moue incrédule: 9 heures 02! Elle ne venait jamais à la clinique d'Anya si tôt le matin. L'été, elle aimait faire la grasse matinée.

Ah, mais non… On n'était plus en été!

— Anya, il faut que j'y aille, dit-elle en se hâtant vers la porte. C'est la rentrée, et j'ai quarante minutes de retard.

2

Jenifer s'élança dehors, sauta sur sa bicyclette et pédala à toute allure jusqu'à l'école primaire.

Elle s'arrêta sur le parking à vélos, attacha sa bicyclette à l'une des rares places restées libres, courut jusqu'au portail principal et l'ouvrit d'un grand coup.

Le couloir désert lui parut étrangement calme. Tous les élèves étaient entrés en classe. Jenifer avait l'impression que ses tennis couinaient d'une manière effroyable.

Pourtant, elle ne se sentait pas trop

inquiète. Le sauvetage de la tortue justifiait son retard, même un jour de rentrée. Sa nouvelle maîtresse comprendrait sans doute.

La fillette connaissait le chemin par cœur, car elle fréquentait l'établissement depuis la maternelle. Gateway n'était pas très grand, et il y avait seulement une salle de classe par niveau. Les salles étaient disposées dans l'ordre : d'abord les classes de maternelle, puis l'école primaire, etc.

Jenifer entrait en CM2. Elle n'avait jamais vu sa maîtresse, Mme Orne, nouvelle dans l'établissement. L'instant de vérité approchait !

La retardataire poussa la porte de la salle et entra en trombe. Tous les regards convergèrent vers elle.

Elle reconnut beaucoup de visages. Sa meilleure amie, Josie Russell, était assise au fond, à côté de Marisa Capra. Jared Frye se retrouvait au milieu du premier rang, juste devant le bureau de la maîtresse.

— Bonjour ! lança Jenifer, essoufflée, avec son plus beau sourire.

Mme Orne se leva lentement en examinant la nouvelle venue d'un air sévère pardessus ses grosses lunettes. C'était une femme d'âge mûr aux cheveux noirs tout raides coupés au carré, avec une frange très courte.

« Horreur, pensa Jenifer. On dirait la mère de la famille Addams ! »

– Puis-je vous aider ? demanda Mme Orne.

Jenifer avait l'impression d'être un insecte sous la lentille du microscope.

– Je m'appelle Jenifer Sullivan. Je suis dans cette classe.

– Vous avez presque une heure de retard.

– Désolée, bredouilla Jenifer. C'est à cause de cette tortue…

Mme Orne leva la main :

– Je ne veux rien savoir. Vos excuses ne m'intéressent pas.

– Mais…

– Il n'y a pas de « mais » !

La maîtresse promena son regard sur les élèves :

– Que ce soit bien clair : j'aime les enfants ponctuels. Je n'accepte aucune excuse. Compris ?

Son regard revint se poser sur Jenifer.

– Compris, répéta la fillette.

– Asseyez-vous devant moi, que je puisse vous tenir à l'œil.

Jenifer se glissa derrière le pupitre à côté de Jared, avec le sentiment d'avoir commis un crime. La place que Mme Orne lui avait assignée ne l'enthousiasmait guère, mais le voisinage de Jared la consolait. Ils avaient sauvé un poisson rouge ensemble pendant les vacances, et cela les avait rapprochés.

Jared lui adressa un sourire furtif, puis se replongea dans quelque chose qui ressemblait à un contrôle. Un contrôle dès le premier jour d'école ? L'année commençait bien ! Tous les élèves écrivaient d'un air concentré.

Mme Orne saisit une pile de papiers sur son bureau et les déposa devant Jenifer.

– J'ai préparé des feuilles d'exercices pour tester vos connaissances et vous répartir en groupes de travail, dit-elle. Complétez-les le plus vite possible. Débrouillez-vous pour rattraper le temps perdu.

— D'accord, répondit Jenifer en refoulant une bouffée d'angoisse.

Elle avait toujours obtenu de bons résultats à l'école ; cependant, avec cette nouvelle maîtresse, les choses s'annonçaient mal. Elle attrapa son crayon et se mit à lire la première feuille d'exercices. Des fractions. Super !

Le reste de la matinée s'écoula dans un tourbillon de feuilles d'exercices. Calcul, lecture, géographie… Jenifer essayait désespérément de se concentrer, mais après le long été, tenir un crayon lui faisait un drôle d'effet. Son écriture était illisible. Elle se sentit soulagée lorsque la cloche du déjeuner mit fin à l'épreuve.

Elle retrouva Marisa et Josie dans la salle du réfectoire.

— Elle est méchante, déclara Jenifer.

— Pas méchante, mais sévère, rectifia Josie.

— C'est peut-être le CM2 qui veut ça,

suggéra Marisa. Nous ne sommes plus des gamines.

Jenifer hocha la tête :

— Moi, je la crois vraiment méchante. Elle ne m'a même pas laissée lui expliquer pourquoi j'étais en retard.

— Au fait, pourquoi ? demanda Marisa.

Jenifer raconta l'histoire de la tortue. Marisa écoutait avec des yeux brillants de sympathie.

— Il faudrait faire quelque chose à propos de ce virage, observa-t-elle. Il est dangereux.

Jenifer acquiesça d'un signe de tête. Peut-être s'en chargerait-elle personnellement.

— Encore une chance que tu ne te sois pas fait écraser ! intervint Josie.

— J'ai fait attention.

Josie lui adressa un coup d'œil dubitatif.

— Humm…, fit-elle.

L'école finissait à trois heures moins le quart. Mme Orne avait donné des piles de devoirs à faire pour le lendemain – c'était bien parti, pour un jour de rentrée !

À peine sortie, Jenifer courut vers sa

bicyclette, impatiente de retrouver Rufus. Tout en pédalant, elle programmait son après-midi. Il fallait sortir le chien, avaler quelque chose… Ensuite, elle irait prendre des nouvelles de John à la clinique d'Anya.

«Et les devoirs?» se souvint-elle. Elle décida de les faire *après* le dîner. Elle méritait bien une pause, après s'être battue avec toutes ces feuilles d'exercices!

Personne ne l'attendait à la maison. Cora ne quitterait l'école que dans une heure, Jack et Norma rentraient encore plus tard, vers cinq heures et demie.

Rufus commença à aboyer dès qu'elle posa le pied sur les marches du perron. Quand elle poussa la porte, il se rua dehors et se mit à décrire des cercles autour d'elle en glapissant d'une voix aiguë.

— Allons, calme-toi, je suis là, maintenant, dit-elle en riant. Viens, on va manger un morceau.

Une exclamation horrifiée lui échappa lorsqu'elle pénétra dans la cuisine:

— Oh non!

L'un des pieds de la table était lacéré d'égratignures, des copeaux de bois et des éclats de verre jonchaient le sol, le journal gisait par terre en lambeaux ; le tout, maculé de taches de jus d'orange. Il y avait aussi des marques rouges que Jenifer n'identifia pas tout de suite.

— Rufus ! gronda-t-elle.

Le chiot s'accroupit par terre, l'air contrit.

— Tu sais que tu as fait des bêtises, hein ? le réprimanda-t-elle.

Tout en parlant, elle s'aperçut que l'animal gardait une de ses pattes de devant levée. Du sang ! Il avait dû se blesser en piétinant le verre brisé.

S'agenouillant, elle tendit les mains vers lui :

— Viens ici, souffla-t-elle doucement.

Rufus rampa de quelques centimètres dans sa direction. Elle le prit dans ses bras et attrapa la patte blessée. Le grand coussinet était entaillé et saignait encore un peu. Impossible de dire s'il restait des morceaux de verre dans la plaie.

— Mon pauvre bébé ! murmura-t-elle.

Il lui était arrivé de marcher sur du verre brisé lorsqu'elle était petite, et elle se rappelait à quel point cela faisait mal.

Pourtant, la conduite de Rufus la laissait perplexe : pourquoi avait-il agi de la sorte alors qu'il possédait des piles de jouets ? Son absence n'avait duré que six heures !

Elle se sentait un peu embarrassée : après tout, la responsabilité de l'éducation de Rufus lui incombait. De toute évidence, elle avait failli à sa tâche. Jack et Norma allaient être furieux de voir leur table dans cet état. Et Anya ne tarderait pas à apprendre ce qui s'était passé.

Jenifer reposa le chien par terre. Elle mit son sac à dos sur la table et glissa l'animal dedans en laissant dépasser sa tête et en refermant la fermeture Éclair jusqu'à son cou. Rufus ne protesta pas. *Maintenant*, il se tenait bien !

Elle souleva le sac, attendit que le chien ait trouvé une position confortable, puis enfila les bretelles sur ses épaules et sortit.

3

Anya consultait le mardi. Quand Jenifer arriva à la clinique, la salle d'attente était vide, mais des voix lui parvenaient de la salle de soins. Sa tante examinait un patient.

La fillette entra dans le bureau. Boris, le vieux basset d'Anya, se leva avec un soupir pour venir la saluer.

Ôtant son sac à dos, Jenifer libéra Rufus et le posa par terre. Les deux chiens se reniflèrent : Rufus avec enthousiasme, Boris d'un air blasé. Jenifer sortit dans le couloir, referma la porte derrière elle et alla rejoindre Anya.

La porte de la salle de soins était entre-bâillée. Debout à côté de la table d'examen en compagnie d'un jeune homme, Anya tenait un furet dans ses mains.

« Chic, alors ! » se dit Jenifer, qui adorait les furets.

Beaucoup de personnes les prennent pour une sorte de rats ; en réalité ces animaux n'appartiennent pas à l'ordre des rongeurs, ils sont plus proches des loutres et des belettes. « D'ailleurs, songea-t-elle, qu'y aurait-il de mal si c'étaient des rats ? »

Elle donna trois coups légers sur la porte ouverte. Anya se retourna et lui sourit.

– Bonjour, Jenifer, entre ! Bud, vous connaissez ma nièce ?

Bud répondit par un signe de tête affir-matif, tournant une casquette de base-ball entre ses doigts avec nervosité.

– Bonjour ! lança Jenifer.

Elle connaissait Bud de vue. Il travaillait dans une station-service de la ville. Cependant, elle ne l'avait jamais rencontré à la clinique. Le furet était sans doute un nouveau patient.

— Anya, Rufus s'est coupé la patte, dit-elle.

Anya s'immobilisa :

— C'est grave ?

— Ça n'a pas l'air de trop le gêner, mais il saigne un peu.

— Où est-il ?

— Dans ton bureau.

— Je l'examinerai dès que j'aurai terminé ici.

Jenifer s'approcha de la table.

— Comment s'appelle votre furet ? demanda-t-elle à Bud.

— Freddy.

Retenant le petit animal d'une main, Anya lui massait le ventre de l'autre. Freddy ne semblait pas y voir d'inconvénient ; mais il se montrait curieux, essayant de se redresser pour regarder autour de lui.

Il avait le museau allongé, avec un masque de raton laveur, de petites oreilles pointues et des yeux noirs de souris. Sa manière de s'étirer faisait songer à une loutre, mais sa fourrure était beaucoup plus longue et plus fournie. Ses courtes pattes de devant, rappelaient un peu celles de Boris.

– Freddy est très âgé, expliqua Anya. Il est presque plus vieux que toi.

– Ouaaah! s'exclama Jenifer avec un sourire à l'adresse de Bud.

Le jeune homme avait dû prendre grand soin de son protégé pour qu'il vive aussi longtemps. La longue tête pointue du furet commençait à grisonner.

– Vous me disiez donc que Freddy manquait d'entrain ces derniers temps? reprit Anya.

Bud fit un signe de tête affirmatif:

– Il donne l'impression de bouger au ralenti, comme dans les films.

– Il mange bien?

– Pas vraiment. Je lui ai même fait du poulet, hier soir, mais il n'y a pas touché.

Anya fronça les sourcils d'un air soucieux. Elle souleva Freddy et le rendit à son maître. Le furet grimpa le long de son bras et s'assit sur son épaule.

32

Quelque chose dans la lenteur des mouvements d'Anya, dans la douceur de sa voix lorsqu'elle posait des questions, inquiétait Jenifer.

— Avez-vous remarqué autre chose d'inhabituel ? s'enquit la vétérinaire.

Bud avala sa salive. Il baissa la voix, comme s'il s'apprêtait à révéler un terrible secret :

— Eh bien, parfois, Freddy marche d'une drôle de manière. On dirait qu'il a le vertige. Et, de temps en temps, il se donne des coups de patte à la bouche. Au début, je croyais qu'il avait quelque chose de coincé dans la gorge.

— On va faire un bilan sanguin, trancha Anya. Freddy doit rester à jeun pendant au moins quatre heures avant la prise de sang. Laissez-le-moi ce soir et revenez le chercher demain matin, d'accord ?

Une sourde appréhension envahit Jenifer : elle devinait que Freddy était gravement malade.

Bud avait compris, lui aussi.

— Bon, d'accord, répondit-il sans faire mine de partir. Vous avez une idée ?

— Je crois que Freddy a un cancer. Le bilan sanguin nous le confirmera.

— Un cancer ? répéta Bud d'une voix blanche.

Anya hocha tristement la tête :

— Il arrive très souvent que les furets âgés aient des tumeurs au pancréas.

— Qu'est-ce que le pancréas ? demanda Bud.

— C'est un organe très important qui fabrique l'insuline.

— Qu'est-ce…

Anya sourit :

— L'insuline est une substance chimique qui contrôle le taux de sucre contenu dans le sang. Freddy se met à marcher bizarrement lorsqu'il souffre d'hypoglycémie.

Bud prit une profonde inspiration :

— Pouvez-vous le soigner ? articula-t-il.

— Il y a plusieurs possibilités. À mon avis, le mieux est de l'opérer, mais l'intervention n'est pas sans danger pour les sujets âgés. En outre, elle coûte dans les deux cents dollars.

Le jeune homme écarquilla les yeux :

— Deux cents dollars ! Je n'ai…

Il n'acheva pas sa phrase. De toute évidence, il ne disposait pas d'une telle somme.

— C'est une décision difficile, observa Anya.

— Et aussi beaucoup d'argent, rétorqua Bud.

Elle hocha la tête :

— Je sais. Je sais aussi que Freddy a vécu longtemps et qu'il a été très choyé. Malheureusement il n'est pas éternel.

Jenifer eut le cœur serré en voyant l'air égaré de Bud. Anya toucha légèrement l'épaule de son client.

— Procédons dans l'ordre, dit-elle. Nous allons commencer par l'examen sanguin. On ne peut rien affirmer avant d'avoir les résultats.

Bud hocha la tête, assommé.

— Bon, récapitula Anya. Revenez demain

matin. Nous examinerons les résultats et nous ferons le point. D'accord ?

– J'ai besoin de temps pour réfléchir, murmura Bud.

Anya battit des paupières d'un air compatissant. Elle paraissait presque penaude.

– Bien sûr, dit-elle. Seulement ne réfléchissez pas trop longtemps. Sans opération, Freddy n'en a plus que pour quelques mois.

– Très bien, souffla Bud.

Il détacha Freddy de son épaule, lui caressa le dos et le tendit à Anya. Elle s'efforça de sourire.

– Nous prendrons bien soin de lui, promit-elle.

Son client lui répondit par un hochement de tête résigné, puis s'en alla.

Anya se dirigea vers la salle des pensionnaires, suivie de Jenifer, qui gardait le silence. La fillette se sentait vidée. Sa colère contre Rufus s'était envolée. Quelle importance s'il se conduisait mal ? Elle l'aimait et se réjouissait de le savoir en bonne santé.

Anya mit Freddy dans une cage, attrapa

son bol à eau, referma la porte et s'approcha de l'évier. Jenifer l'observait d'un air morne.

— Ne sois pas trop triste, lui dit Anya. Plaindre Freddy, c'est plaindre un centenaire.

— Oui, mais Bud ? Il va se sentir seul sans son furet.

— C'est vrai.

Anya remit le bol d'eau dans la cage.

— Bon, maintenant, allons examiner la patte de Rufus, dit-elle.

— D'accord, fit Jenifer, heureuse de changer de sujet.

Elle alla chercher Rufus dans le bureau d'Anya, puis rejoignit sa tante dans la salle de soins.

Rufus haletait joyeusement. Anya lui prit la patte pour l'examiner.

— Comment est-ce arrivé ? demanda-t-elle.

Jenifer soupira :

— Il s'est très mal conduit pendant que j'étais à l'école. Il a cassé un verre, déchiré le journal et abîmé le pied de la table.

— Je ne vois aucun morceau de verre,

conclut Anya. Je vais juste nettoyer sa plaie, mettre une pommade antibiotique et faire un bandage.

Elle passa dans son bureau et sortit le nécessaire du placard.

— Ouf! fit Jenifer avec un soupir de soulagement.

Prenant la tête de Rufus entre ses mains, elle lui posa un baiser sur la truffe.

— Je ne sais pas ce qui lui a pris, fit-elle.

— Eh bien, tu as passé toute la journée à l'école, et il s'est ennuyé, expliqua Anya.

Jenifer laissa échapper un petit rire :

— Je devrais peut-être l'emmener avec moi, demain matin. Il pourrait m'aider à faire mes devoirs!

— Hum…, grommela Anya.

Soulevant Rufus dans ses bras, elle s'assit et le posa sur ses genoux :

— Il vaudrait peut-être mieux le laisser attaché dehors. Ainsi, il pourra courir un peu et creuser la terre s'il s'ennuie.

— Bonne idée, approuva Jenifer.

Anya entreprit de nettoyer la plaie de

38

Rufus avec de l'eau oxygénée.

– Comment va John? s'enquit Jenifer, songeant soudain à la tortue.

– Beaucoup mieux. Dès que nous en aurons fini avec ce petit monstre, nous irons réparer sa carapace.

– Génial!

4

— Sans toi, John se serait sûrement fait tuer, observa Anya.

— C'est vrai, admit Jenifer avec un sourire radieux.

Elle était heureuse. Elle adorait regarder sa tante soigner les bêtes malades ou blessées.

— Va donc chercher notre patient pendant que je prépare les instruments, suggéra Anya.

— D'accord.

Jenifer retourna dans la salle des pensionnaires, sortit John de la baignoire où il avait passé la journée et le rapporta dans la salle de soins.

Anya, à quatre pattes, fouillait dans le bas du placard.

— Peux-tu le peser ? demanda-t-elle.

Jenifer posa la tortue sur la balance.

— Six cent quatre-vingts grammes, annonça-t-elle.

Anya se releva, brandissant une minuscule perceuse :

— Bien, voyons quelle quantité de sédatif il faut lui administrer !

Elle consulta plusieurs ouvrages et se livra à des calculs compliqués. Puis, aspirant un peu de Kétamine dans une petite seringue, elle l'injecta dans une des pattes arrière de la tortue.

Jenifer fit l'inventaire des fournitures qu'Anya avait posées sur le comptoir : la perceuse, des limes à ongles en carton, des aiguilles et du fil d'acier.

— Tu restes pour l'intervention ?

— Et comment ! s'exclama Jenifer.

— Alors, va te laver les mains.

Jenifer obéit. La chirurgie l'effrayait un peu lorsqu'il s'agissait de chiens et de chats. Mais, dans l'ensemble, elle trouvait passionnant de regarder à l'intérieur des créatures. Cela lui donnait l'impression d'explorer des contrées inconnues.

L'opération de la tortue ne lui faisait pas peur. Elle était curieuse de voir comment Anya s'y prendrait pour réparer la carapace de l'animal.

La Kétamine agit rapidement. Bientôt, la tête et les jambes de John pendirent mollement hors de la carapace. Anya lui pinça les extrémités pour s'assurer qu'il était inconscient. Aucune réaction.

La vétérinaire tendit une lime à ongles à Jenifer :

— Nous allons commencer par limer le bord des fissures, expliqua-t-elle.

— Pourquoi ?

— Il faut les rendre rugueuses pour les aider à se ressouder.

Jenifer se mit à limer, soulevant un petit nuage de poudre blanche.

— Pas trop, précisa Anya tout en ajustant une mèche sur la perceuse. Il faut tout de même que les plaques continuent de s'imbriquer les unes dans les autres.

— D'accord.

Jenifer éprouvait une légère appréhension à la vue de la perceuse.

— Qu'est-ce que tu vas faire avec ça ? s'inquiéta-t-elle.

— Tu vas le savoir tout de suite.

Se penchant sur John, Anya mit l'outil en marche. Vroum ! Elle perça un trou à un centimètre du bord d'une fissure.

— Ça ne lui fait pas mal ? s'inquiéta Jenifer.

— Pas du tout, la rassura sa tante.

Elle perça un autre trou de l'autre côté, à égale distance du bord, et ainsi de suite. Puis elle passa à un autre.

Jenifer recommença à limer.

Elles travaillèrent en silence pendant une demi-heure jusqu'à ce que toutes les fissures aient été limées et percées.

— Bien. Maintenant, passons à l'étape suivante, dit Anya.

Elle montra à Jenifer comment enfiler du fil d'acier sur une aiguille et introduire le fil dans l'un des trous de la carapace, puis le faire ressortir par le trou correspondant de l'autre côté.

Ensuite, sectionnant le fil d'acier avec une pince, elle réunit ses extrémités, les tordit ensemble et les tira à fond, comme pour lacer une chaussure. Le fil rapprocha les deux bords, cachant la blessure. Anya fit un double nœud et coupa les bouts à ras.

— Penses-tu être capable d'en faire autant? demanda-t-elle à sa nièce.

— Je crois.

Jenifer eut vite pris le tour de main: enfiler l'aiguille, passer le fil à travers une paire de trous, libérer l'aiguille d'un coup de pince, nouer le fil d'acier, couper les extrémités.

Elle se sentait de mieux en mieux à mesure que les fissures se refermaient sur les plaies. Travailler avec sa tante l'emplissait de joie!

— Combien de temps faudra-t-il pour que la carapace se ressoude? interrogea-t-elle.

— Difficile à dire. Tout dépendra de l'alimentation de John.

— Quel rapport ?

— C'est un animal sauvage. Il se peut qu'il ne supporte pas de se retrouver emprisonné dans une cage. Le stress pourrait lui faire perdre l'appétit et retarder sa guérison.

— Quand pourrons-nous le relâcher ?

Jenifer se rappelait toutes les bêtes sauvages qu'elles avaient secourues. En général Anya essayait de les remettre en liberté le plus vite possible.

— Je ne sais pas. J'aimerais bien pouvoir le libérer à temps pour l'hibernation. Mais s'il gèle tôt cette année, nous serons obligées de le garder au chaud jusqu'au printemps.

— Et de le maintenir en bonne santé tout l'hiver, compléta Jenifer.

— Exactement.

La fillette dévisagea Anya : sa tante paraissait soucieuse. Sans doute s'inquiétait-elle pour John.

Jenifer abaissa les yeux sur la tortue. Les

nœuds d'acier brillaient sur la carapace jaune et brune. Ils avaient l'air cruellement déplacés, contre nature. Pourtant, elle savait qu'ils allaient sauver John. Toute cette histoire la choquait. Elle revoyait l'énorme caravane foncer sur l'infortunée bestiole au détour du virage. Le conducteur n'avait même pas ralenti !

Ce soir-là, après le dîner, elle écrivit une lettre à *La Gazette de Gateway* à propos de l'incident. Elle la montra à son père, qui lui suggéra quelques corrections, puis elle l'imprima et la signa avant de faire ses devoirs. Voici ce que disait la lettre :

Monsieur le rédacteur en chef,

Le virage de la route 98 juste avant l'entrée de la ville est dangereux. Ce matin, j'ai trouvé une tortue à cet endroit. Un automobiliste l'avait heurtée et avait écrasé sa carapace.

Il faudrait que les conducteurs ralentissent au tournant. Le ministère des Autoroutes devrait y faire installer un gros panneau avertissant du danger.

La tortue survivra sans doute, mais le prochain animal qui essaiera de traverser la route aura peut-être moins de chance.

Bien à vous,
Jenifer Sullivan

Jack glissa la lettre dans son attaché-case.

– Je la remettrai à J.J. demain matin, promit-il.

J.J. était le rédacteur en chef de *La Gazette de Gateway*.

– Merci, papa.

Le père de Jenifer était en bons termes avec J.J., et elle ne doutait pas que sa lettre serait publiée. Cela lui donna le courage de s'attaquer à l'énorme pile de devoirs qui l'attendait. Tout de même, quelle cruauté d'asséner une telle quantité de travail dès le premier jour d'école !

Le lendemain matin, il faisait beau, avec un vent sec et chaud.

Après le petit-déjeuner, Jenifer conduisit Rufus dans la cour.

— Ouaf! Ouaf! aboya-t-il, tout excité.

Il franchit les marches d'un bond, s'élança jusqu'à la clôture blanche de l'autre côté de la cour et revint vers Jenifer, haletant, la langue pendante. Sa patte bandée ne semblait pas le gêner.

— Bon chien! dit Jenifer, qui lui avait appris à rester dans la cour même lorsqu'il n'était pas attaché.

Elle se pencha pour fixer la laisse à son collier. Il s'agissait d'une laisse rétractable de trois mètres qui s'enroulait automatiquement dans un boîtier plat.

— Va chercher! cria-t-elle en lançant un hamburger en plastique sur la pelouse.

Tandis que Rufus se jetait à la poursuite du jouet, elle libéra une soixantaine de centimètres de laisse pour lui permettre de courir sans trop se rapprocher de la lisière de la forêt.

Le chiot prit le hamburger dans sa gueule, revint vers Jenifer à fond de train et le déposa à ses pieds, désireux de jouer.

Jenifer l'ignora, occupée à attacher la laisse à la rampe de l'escalier.

Il attendit patiemment pendant un moment, puis, se couchant sur le ventre, il se mit à mâchonner la corde.

Jenifer retourna chercher ses jouets préférés et son bol d'eau dans la cuisine. Elle jeta un coup d'œil circulaire à la cour : Rufus avait de l'eau, des jouets et tout l'espace voulu pour s'amuser. Cela devait suffire pour l'occuper jusqu'à ce qu'elle rentre de l'école.

La fillette alla prendre sa bicyclette, plaça son sac à dos dans le porte-bagages, donna un baiser à Rufus et se dirigea vers la grille.

Le chiot s'immobilisa, les oreilles dressées :

— Ouaf ?

— Désolée, mon vieux. Je ne peux pas t'emmener.

Elle poussa sa bicyclette dans la rue et referma la grille derrière elle.

— Ouah, ouah, ouah !

Rufus s'accroupit par terre et laissa échapper un petit gémissement plaintif, qui se transforma bientôt en une série de glapissements désespérés. Jenifer hésitait. Il avait l'air trop malheureux ! Elle ne pouvait pas le laisser ainsi. Descendant de bicyclette, elle retourna dans la cour. Rufus se mit à décrire des cercles autour d'elle en continuant d'aboyer.

– Chut ! souffla Jenifer.

S'asseyant par terre, elle le prit dans ses bras. Il posa une patte sur son épaule, lui lécha le visage, poussa un long soupir et se coucha sur ses genoux.

Elle le caressa pendant quelques minutes. Puis elle lança le hamburger au loin et, tandis qu'il se jetait à sa poursuite, elle se précipita vers la porte de la clôture et sortit sans bruit.

– Ouah ! Ouahouahouahouah !

Jenifer se retourna : il avait l'air plus misérable que jamais.

Elle s'immobilisa, une main posée sur le guidon de son vélo, et attendit dans l'espoir qu'il se calmerait tout seul.

– Rrrmmmmmmmm… Ouah ! Ouah ! Ouah !

Il s'approcha du portillon et commença à gratter pour qu'elle lui ouvre. « Aïe ! se dit Jenifer. Papa va être furieux si Rufus abîme la clôture. » Déjà, Norma et Jack avaient fait une drôle de tête en voyant l'état dans lequel il avait mis le pied de la table.

Elle retourna une fois de plus dans la cour.

– Rufus, arrête ! ordonna-t-elle d'un ton ferme.

Le petit chien se tut aussitôt. Elle ressortit dans la rue.

– Ouah ! Ouahouahouah !

Jenifer était exaspérée. Comment faire pour le calmer ? Elle jeta un coup d'œil sur sa montre : 8 heures 15. Il ne lui restait plus que cinq minutes pour arriver à l'école – or, le trajet durait dix minutes en temps normal.

Sa gorge se noua. Mme Orne allait voir rouge si elle arrivait encore en retard. Elle n'avait guère le choix : il fallait partir tout de suite !

Elle jeta un coup d'œil par-dessus la clôture :

– Chut, Rufus ! Il faut que je m'en aille maintenant. Sois gentil.

Les aboiements se firent encore plus déchirants…

L'ignorant, elle lui tourna le dos, enfourcha sa bicyclette et se mit à pédaler à toute allure.

«Peut-être se calmera-t-il quand j'aurai disparu, pensa-t-elle. Il finira bien par se lasser d'aboyer ! »

Les glapissements la poursuivirent jusqu'à l'intersection de la route 98. Elle songea un instant à rebrousser chemin, mais se ravisa aussitôt. Il ne lui restait que trois minutes avant le début des leçons.

5

Au croisement, Jenifer prit la route 98. La circulation était aussi dense que la veille. Se dressant sur les pédales, elle bifurqua vers la droite, traversa le bas-côté et grimpa sur le talus. Deux minutes avant le début des cours !

Sur sa gauche, une file ininterrompue de voitures, de camions et de caravanes fonçait à toute allure. Elle passa devant le panneau d'entrée de la ville, franchit le virage dangereux…

Le trafic ralentissait à mesure que les commerces se faisaient plus nombreux de part et d'autre de la chaussée. Certains auto-mobilistes cherchaient une place pour se garer, d'autres regardaient autour d'eux avec curiosité.

Le bas-côté finissait là. Se rasseyant sur la selle, Jenifer revint se placer dans la file de droite, derrière un vieux pick-up Ford immatriculé dans le Montana. Elle dépassa le garage de Bud. Le pick-up s'arrêta dans le parc de stationnement du restaurant *La Cuillère en bois*. Jenifer accéléra à nouveau.

Plus qu'une minute !

La clinique d'Anya apparut sur sa droite. Du coin de l'œil, Jenifer aperçut quelqu'un sur les marches. Elle tourna la tête pour voir de qui il s'agissait. C'était Mme Jemson, la patronne du salon de coiffure Clip'n Curl, sur Main Street, avec une cage posée à ses pieds.

« Curly ! », pensa Jenifer.

Curly était une énorme chatte grise qui passait ses journées à somnoler dans la devanture du salon.

Mme Jemson avait l'air désemparée. Elle

lisait la plaque apposée à côté de l'entrée de la clinique. Cela signifiait qu'Anya était partie en tournée.

Jenifer freina et posa un pied à terre pour s'assurer qu'il n'y avait pas de problème grave. Curly était l'un de ses chats préférés. Elle se laissait caresser par tout le monde, même par les bambins qui essayaient de lui tirer la queue.

— Madame Jemson ! appela la fillette. Tout va bien ?

— Jenifer ! s'exclama la visiteuse avec un soulagement évident. J'étais tellement inquiète !

Elle ramassa la cage, puis, se tenant d'une main à la rampe, commença à descendre les marches.

Jenifer la regardait en fronçant les sourcils. La démarche de la vieille dame ne semblait pas très assurée. Quel âge pouvait-elle avoir ? Son visage était beaucoup plus ridé que celui de Papy Pete, pourtant âgé de soixante-huit ans. Ses cheveux d'un blanc immaculé noués en torsade étaient retenus par des barrettes en strass. Elle portait des boucles d'oreilles et du rouge à lèvres.

— Que se passe-t-il ? demanda Jenifer.

— Eh bien, comme tu le sais peut-être, Curly souffre d'arthrite. Anya dit que c'est fréquent chez les sujets vieillissants, et je suppose qu'il n'y a pas grand-chose à y faire. Moi-même, je me suis pas mal raidie ces dernières années.

Mme Jemson articulait lentement en détachant bien chaque syllabe, et Jenifer commençait à s'impatienter. Elle était *déjà* en retard pour l'école !

— C'est surtout le matin que Curly manque de souplesse, poursuivit la vieille dame. Cela me brise le cœur de la voir se traîner ainsi ! Elle ne se plaint pas, mais je la connais, je vois bien qu'elle souffre.

Jenifer commençait à regretter de s'être arrêtée. Elle se sentait désolée pour Curly, mais l'arthrite n'était pas une urgence. Mme Jemson devait prendre rendez-vous avec Anya. La fillette cherchait une excuse pour s'en aller.

Hélas, Mme Jemson ne semblait pas pressée de finir son histoire.

– Hier, Mme Gould est venue pour sa permanente. Bien sûr, ma chérie, tu ne peux pas savoir cela, car tes cheveux bouclent naturellement, mais faire une permanente prend beaucoup de temps. Alors nous nous sommes mises à bavarder, et j'ai appris que Hurricane a aussi de l'arthrite.

– Hurricane ?

– Tu ignores qui est Hurricane ? Je croyais que tu connaissais toutes les bêtes du comté !

Jenifer ne put réprimer un sourire :

– Je ne crois pas avoir rencontré Hurricane. C'est le chat de Mme Gould ?

– Oh mon Dieu, non ! s'exclama Mme Jemson en riant. Hurricane est le fox-terrier le plus teigneux que j'aie jamais vu ! Mme Gould ne s'en rend pas compte, elle le trouve *adorable* !

Jenifer entendit la cloche de l'école. La maîtresse allait être furieuse ! Elle haussa les épaules : tant pis, le mal était fait.

— Mme Gould prend Hurricane pour un ange, poursuivait la vieille dame. Bien sûr, à quinze ans, il est devenu relativement inoffensif.

— Tant mieux, observa Jenifer.

Mme Jemson hocha la tête :

— Quoi qu'il en soit, Mme Gould m'a dit qu'elle lui donne de l'aspirine pour calmer ses douleurs. Alors j'ai décidé d'en faire autant avec Curly. Et comme je n'ai pas d'aspirine à la maison, je lui ai donné du Tylenol à la place.

— Ça l'a soulagée ? s'enquit Jenifer.

— Je ne suis pas sûre, répondit Mme Jemson d'une voix hésitante. Elle a l'air tout endormie.

Endormie ? Cela ne paraissait pas bien grave.

— Tante Anya fait sa tournée, dit Jenifer en s'accroupissant pour regarder la chatte dans la cage. Laissez-lui un mot et revenez dans…

Elle n'acheva pas sa phrase. Un coup d'œil à Curly suffisait pour se rendre compte qu'elle allait très mal.

La tête penchée en avant, la bouche ouverte et la langue pendante, elle respirait avec difficulté.

— Vous savez ce qu'on va faire ? reprit la vétérinaire en herbe en s'efforçant de sourire pour rassurer la vieille dame. Entrez dans le bureau, nous allons essayer de joindre Anya sur son portable.

— Tu es sûre, ma chérie ? Je ne voudrais pas te mettre en retard !

— Certaine, répondit Jenifer d'une voix résolue.

Elle souleva la cage, qui était beaucoup plus lourde qu'elle ne l'aurait cru, et commença à gravir les marches. Mme Jemson la suivit d'un pas lent.

Trop lent.

Jenifer avait un mauvais pressentiment. Elle ouvrit la porte de la clinique avec sa clef, entra en coup de vent, fonça à travers la salle d'attente jusqu'au bureau d'Anya en allumant les lumières au passage. Posant la cage devant la salle de soins, elle pénétra dans le bureau et composa le numéro du portable de sa tante.

— Décroche ! supplia-t-elle à mi-voix en entendant la sonnerie.

— Allô ?

— Tante Anya, c'est Jenifer.

— Bonjour, Jenifer. Où es-tu ?

Jenifer sentit son cœur se serrer en réalisant qu'Anya était très loin. À cause des parasites qui encombraient la ligne, sa voix lui parvenait de façon entrecoupée.

— Je suis à la clinique, répondit-elle. Mme Jemson t'attend ici avec Curly.

— Tu ne devrais pas être à l'école ?

— Si, mais Curly va très mal. Elle bave et halète, et j'ai l'impression qu'elle est sur le point de s'évanouir.

Jenifer avait peur, comme toujours lorsqu'elle se trouvait en présence d'un animal en péril. Et si elle faisait exactement le contraire de ce qu'il fallait ? Si Curly mourait à cause d'elle ?

— Respire à fond et explique-moi les choses calmement, dit Anya d'une voix contrôlée.

Jenifer prit une profonde inspiration,

expira, puis répéta ce que Mme Jemson lui avait raconté à propos de l'arthrite de Curly et du Tylenol.

Anya laissa échapper un sifflement à l'autre bout de la ligne.

— Mauvais ! dit-elle. Les chats ne digèrent ni le Tylenol ni l'aspirine, c'est un poison pour eux. Curly se trouve dans un état critique. Ce comprimé risque de lui bloquer les reins.

— C'est grave ?

— Elle peut mourir. Pourvu qu'il ne soit pas trop tard !

6

Jenifer sentit ses genoux fléchir. Elle ne voulait pas que Curly meure, surtout pas de cette manière. Mme Jemson ne le lui pardonnerait jamais.

— Où es-tu ? demanda-t-elle à Anya.

— À Billings. J'allais entrer en ville quand tu m'as appelée. J'ai rebroussé chemin et je suis sur la route du retour.

— Combien de temps te faut-il pour arriver ?

— Beaucoup trop. Écoute, Jenifer, tu vas devoir t'occuper de Curly toi-même, en attendant.

Jenifer entendit des pas traînants dans le couloir. Mme Jemson jeta un coup d'œil par l'entrebâillement de la porte :

— Tout va bien, ma chérie ?

— Ça va, mentit Jenifer avec un sourire forcé. J'ai Anya au bout du fil, je suis à vous tout de suite.

Après quelques secondes d'hésitation, Mme Jemson s'éloigna.

— J'écoute, reprit Jenifer dans le combiné.

— Bon, il va falloir faire vomir notre patiente.

— Beurk ! gémit la fillette.

— Je sais, ce n'est pas très agréable, mais il n'y a pas d'autre moyen de la sauver.

— D'accord, je vais essayer. Comment faire ?

— Va dans la salle de soins.

Jenifer passa dans la pièce voisine sans lâcher le téléphone.

— Tu y es ? demanda Anya.

— Oui.

— Bien, fit Anya. Dans le placard au-dessus du lavabo, tu trouveras un flacon marron étiqueté « sirop d'ipéca ». Tu en aspires à peu près 1,20 ml dans un compte-gouttes et tu le fais avaler à la chatte. Ça ne devrait pas être difficile, elle est trop affaiblie pour résister.

— D'accord, acquiesça Jenifer. Maintenant, il faut que je lâche le téléphone.

— Vas-y. Je raccroche. Rappelle-moi si nécessaire. Installe Curly dans l'évier pour éviter qu'elle ne mette du vomi partout.

— Très bien.

— Jenifer, encore une chose !

— Oui ?

— Explique tout à Mme Jemson. Sa chatte est très, très malade. Il ne faut pas lui mentir.

— Bon, répondit Jenifer sans enthousiasme.

— Rappelle-moi dès que Curly aura vomi.

Anya raccrocha.

— Oh là là ! gémit Jenifer.

La journée commençait bien !

S'armant de courage, elle ressortit dans le couloir. Mme Jemson attendait derrière la porte, inquiète :

67

— Qu'a dit Anya?

Jenifer prit une profonde inspiration :

— J'ai de mauvaises nouvelles. Anya pense que Curly est gravement malade. Le Tylenol est un poison pour les chats.

Mme Jemson porta la main à sa bouche, les yeux agrandis d'horreur.

— Elle va mourir? souffla-t-elle.

— Je ne sais pas, avoua Jenifer, consciente de la cruauté de sa réponse. Ne perdez pas courage. Anya est sur le chemin du retour et elle m'a dit ce qu'il faut faire en attendant son arrivée.

Jenifer porta la cage dans la salle de soins, la posa sur la table et en sortit Curly. C'était une très grosse chatte, et la petite fille dut se servir de ses deux mains.

— Mrrrou…, protesta Curly.

Elle était toute molle.

— Ça va aller, murmura Jenifer d'une voix douce. Tout se passera bien.

Elle coucha l'animal sur la table et prépara le sirop d'ipéca conformément aux instructions d'Anya. Puis, soutenant le menton de la chatte d'une main, elle lui enfonça le compte-gouttes au fond de la gorge et pressa.

Il y eut un mouvement dans la gorge de Curly, et elle avala. Jenifer la prit dans ses bras et la porta vite dans l'évier. Juste à temps ! À peine l'eut-elle posée que la chatte fut prise de haut-le-cœur, avançant vainement la tête et soufflant. Puis il y eut des gargouillis, et un flot rosâtre et malodorant se répandit sur la porcelaine.

Ce n'était guère appétissant.

— Fini ? demanda Jenifer.

Curly restait immobile, l'air misérable. Jenifer la souleva, rinça l'évier et la reposa. Puis elle appela Anya.

— Ça s'est bien passé ? s'enquit sa tante.

— Oui, elle a vomi.

— Parfait. Maintenant, il faut lui administrer quelque chose pour ralentir l'absorption du poison. Regarde dans le placard, juste à côté du sirop d'ipéca. Tu trouveras des petits tubes et des fioles de médicament étiquetés « charbon liquide » ou quelque chose de ce genre.

– Ça y est !

– Bien. Prends un des tubes. Il va falloir l'enfoncer dans l'estomac de ta patiente.

– Pas de problème.

Jenifer avait déjà fait cela à Rufus une dizaine de fois lorsqu'il était trop petit et trop faible pour manger.

– Une fois que le tube sera en place, tu couperas les bouts de la fiole de charbon liquide et tu verseras le médicament dans le tube.

– D'accord. Tu es encore loin ?

– Je devrais arriver dans une quinzaine de minutes.

Trop tard pour aider. Jenifer raccrocha et se mit au travail. Elle porta la chatte sur la table et glissa le tube dans sa gorge. Puis elle prépara le médicament et le versa dedans.

Curly n'opposa aucune résistance.

Au moment où Jenifer retirait le tube de l'estomac de l'animal, la sonnette retentit, et Anya entra dans la pièce en trombe.

– Je croyais que tu en avais encore pour quinze minutes ! s'exclama Jenifer.

– Ça fait déjà vingt minutes.

Se précipitant vers la table, la vétérinaire examina Curly. Elle regarda ses yeux, vérifia son rythme cardiaque et inspecta sa langue. Jenifer attendait le verdict avec appréhension, soulagée que sa tante fût là pour prendre le relais.

Anya soupira.

— Curly est très, très malade, diagnostiqua-t-elle en se retournant vers Jenifer. Sans ton intervention, elle serait sans doute déjà morte. Bravo !

Jenifer sentit une rougeur de plaisir lui monter aux joues. Elle était heureuse d'avoir sauvé Curly, et les louanges de sa tante l'emplissaient de fierté.

— Merci, murmura-t-elle. Alors, elle va se remettre ?

— Je dois encore faire un examen sanguin pour m'assurer que les reins fonctionnent bien, mais je crois qu'elle survivra.

— Génial !

Anya était en train de faire une prise de sang à Curly lorsque Jenifer entendit des pas traînants dans le couloir. Mme Jemson! Elle l'avait complètement oubliée!

La vieille dame passa la tête dans l'entre-bâillement de la porte:

— Excusez-moi de vous déranger, il faut que je sache. Comment va Curly?

— Entrez, lança Anya avec chaleur. Elle va beaucoup mieux.

Joignant les mains, Mme Jemson se tourna vers Jenifer avec un sourire radieux:

— Ma foi, cette enfant est douée!

— Ce n'était pas difficile, murmura Jenifer.

— Pour moi, si! répliqua Mme Jemson.

Elle s'approcha, prit les joues de la fillette entre ses mains noueuses et lui posa un baiser sur le front.

— Merci, ma chérie! Merci!

— Il n'y a pas de quoi, répondit Jenifer.

Brusquement, elle se rappela: l'école!

— Euh... Il faut que j'y aille, dit-elle, soudain pressée.

— Veux-tu un mot d'excuse? proposa Anya.

— Ça ne servira à rien. À plus tard, Anya.

Au revoir, madame Jemson !

— Au revoir, ma chérie. Viens te faire couper les cheveux au salon. Cadeau de la maison !

— D'accord ! fit Jenifer.

Elle partit au pas de course.

Dix minutes plus tard, elle pénétrait dans la salle de classe. Son T-shirt était trempé de sueur. Elle était à bout de souffle, et son cœur battait la chamade.

Mme Orne la fusilla du regard.

— Je peux vous expliquer…, commença Jenifer timidement.

— Pas d'excuses, coupa la maîtresse d'un ton sans réplique. Je t'ai avertie hier. Tu auras une semaine de retenue.

— Mais…

Mme Orne leva une main :

— S'il te plaît, ne fais pas perdre plus de temps à tes camarades en essayant de discuter. Je peux te garantir que rien ne me fera changer d'avis. Assieds-toi.

Jenifer se glissa derrière son pupitre, rageant intérieurement : « Il y a des choses plus importantes que la ponctualité. Si je n'étais pas arrivée en retard aujourd'hui, Curly serait morte. »

Mais cela, Mme Orne s'en moquait. Elle ne voulait même pas écouter. C'était injuste !

Une fois sa colère retombée, Jenifer commença à s'inquiéter. Elle n'avait jamais été en retenue et se demandait comment cela se passait.

À la fin des cours, tous les élèves sortirent, sauf elle et Duncan Crowe. Jenifer était surprise : elle s'attendait à se retrouver seule en tête-à-tête avec Mme Orne.

Duncan ne lui avait jamais beaucoup plu. Il faisait toujours le malin pendant les cours. Elle préférait malgré tout qu'il soit là plutôt que de se retrouver seule avec Mme Orne.

Celle-ci était assise à son bureau, penchée sur une pile de copies. Elle attendit que le calme fût revenu dans l'école, puis, levant la tête, elle ordonna à Duncan et à Jenifer de faire leurs devoirs du soir jusqu'à 15 heures.

Jenifer sortit son livre de mathématiques

et se mit au travail. Elle aimait cette matière et savait qu'elle était importante pour les vétérinaires. Aussi les vingt minutes s'écoulèrent-elles très vite.

– Vous pouvez partir, maintenant, dit Mme Orne d'un ton sec à trois heures pile.

Les deux enfants rangèrent leurs livres et sortirent sans se faire prier. «Rester en retenue n'est pas si terrible que cela», songeait Jenifer. Mais elle en voulait tout de même à Mme Orne de l'avoir punie.

– Eh bien! s'exclama Duncan, une fois dans le couloir. Je suis drôlement content que ce soit terminé!

Ils marchèrent ensemble jusqu'à la porte.

– Tu étais collé juste pour aujourd'hui? demanda Jenifer.

– Non, pour toute la semaine, soupira Duncan.

– Pourquoi?

– Je suis arrivé en retard deux jours de suite.

Elle rit:

– Même chose pour moi!

Duncan poussa la porte de l'école.

— J'ai un veau qui s'appelle Isa. Il est trop mignon, mais il refuse de manger. Ça m'ennuie, parce que je voudrais le montrer à la foire régionale pour décrocher un ruban bleu.

— Il est malade ?

— Peut-être trop de cochonneries entre les repas ? plaisanta Duncan.

Jenifer leva les yeux au ciel :

— Et tes parents, qu'est-ce qu'ils en disent ?

— Ils n'y connaissent rien. Papa est camionneur, il passe son temps sur les routes, et maman travaille à la garderie. C'est mon oncle qui m'a donné ce veau. Il dirige une petite laiterie et dit que je pourrai peut-être travailler avec lui plus tard. Il n'a pas d'enfants.

— Téléphone-lui !

— Maman ne veut pas. Il vit dans le Dakota du Nord, ça coûte cher d'appeler là-bas.

— Tu devrais en parler à ma tante.

Duncan fit la grimace :

– Je n'ai pas de quoi payer un vétérinaire.

Jenifer ne savait que dire. Elle trouvait
irresponsable d'avoir des animaux lorsqu'on n'est pas en mesure de s'occuper
d'eux convenablement. Mais elle ne voulait
pas faire la leçon à Duncan : il semblait si
fier de son veau !

– Tes voisins ne peuvent pas t'aider ?

– Peut-être, je vais voir. Bon, à plus tard.

– À plus tard.

Jenifer enfourcha sa bicyclette et rentra
chez elle en toute hâte. À cause de Mme
Orne, Rufus était resté seul à la maison
vingt minutes de plus !

– Ouah, ouah, ouah !

Les aboiements lui parvinrent aux oreilles
dès qu'elle bifurqua sur la route 2A. À peine
eut-elle ouvert la porte de la clôture que le
chiot se jeta sur elle, jappant, bondissant,
décrivant des cercles autour d'elle et se
roulant par terre, les pattes en l'air.

Elle éclata de rire :

– Salut, vieux ! Tu m'as manqué !

S'asseyant à même le sol, elle l'attira sur ses genoux. Il lui posa une patte sur l'épaule en remuant frénétiquement la queue et lui donna un grand coup de langue sur le visage.

Elle s'étendit dans l'herbe avec un soupir de soulagement. De toute évidence, elle avait trouvé la solution : il fallait laisser Rufus dehors lorsqu'elle s'absentait. Voilà au moins une chose qui n'avait pas mal tourné aujourd'hui.

– Bonjour !

Mme Barber, la voisine, venait de pousser la porte de la clôture, emmitouflée dans un pull à col roulé sur lequel elle avait passé une épaisse robe de chambre grise. Elle avait le nez rouge et tenait un mouchoir à la main.

– Bonjour, madame Barber !

– Jenifer, ma chérie, j'ai pensé que tu serais rentrée à cette heure. Figure-toi que Rufus n'a pas cessé d'aboyer de la journée ! J'ai un rhume et je suis restée à la maison pour me reposer, mais je n'ai pas réussi à fermer l'œil à cause de lui.

Jenifer se sentit défaillir. Pauvre Mme Barber ! Pauvre Rufus ! Qu'allait-elle faire, maintenant ?

7

Jenifer était toujours dans la cour lorsque Jack rentra à la maison, dix minutes plus tard. Étalé sur le dos, Rufus se montrait sage comme une image.

Jack franchit la grille du jardin, dévisagea sa fille pendant quelques secondes et s'assit sur les marches du perron.

– J. J. a téléphoné ? demanda-t-il.

– J. J. ? Non.

– Oh, j'ai cru… Tu avais l'air tellement triste.

– Rufus s'est encore mal conduit. Il a

aboyé toute la journée et a dérangé Mme Barber. Pourquoi me parles-tu de J. J. ?

— Il refuse de publier ta lettre.

— Pourquoi ?

— Il prétend que personne ne s'intéresse aux tortues.

— Faux ! D'ailleurs, la question n'est pas là.

— C'est ce que je lui ai dit, mais ça ne l'a pas convaincu.

— Flûte ! grogna Jenifer. Quelle sale journée !

Jack prit un air compatissant.

— Viens m'aider à préparer le dîner, proposa-t-il. Hacher les légumes me remonte toujours le moral. J'ai invité Anya à manger avec nous.

— D'accord, acquiesça Jenifer en se relevant.

Jack avait raison : hacher des légumes était très apaisant. Une fois qu'elle eut coupé en dés un gros oignon, six carottes et trois tiges de céleri, elle se sentit de meilleure humeur. Bien sûr, le délicieux arôme qui se dégageait de la casserole y était aussi pour quelque chose.

Une fois l'épluchage des légumes terminé, Jenifer mit le couvert, et toute la famille prit place autour de la table à six heures.

— Rufus n'a pas fait trop de bêtises, aujourd'hui ? demanda Norma en attrapant une tranche de pain à l'ail.

— Si, répondit Jenifer. Il a aboyé toute la journée, Mme Barber n'en pouvait plus ! Tu crois qu'il s'ennuie encore ? demanda-t-elle en se tournant vers Anya. Il a toute la cour et plein de jouets pour s'amuser.

— Les chiens détestent rester seuls, répondit Anya. Il arrive même qu'ils se vengent.

— Qu'est-ce que je vais faire ?

— J'ai une idée, intervint Cora. Prenons un deuxième chien pour lui tenir compagnie.

— Oh oui ! s'exclama Jenifer.

— Non ! protestèrent Norma et Jack d'une seule voix.

Anya éclata de rire :

— J'ai une proposition. Pourquoi ne laissez-vous pas Rufus à la clinique pendant la journée ? Il pourrait jouer avec Boris.

— Tu veux bien ? demanda Norma.

Anya haussa les épaules :

— On va essayer, et si ça ne marche pas, je le mettrai dehors.

— D'accord, dit Jenifer en s'efforçant d'afficher un air confiant.

En fait, elle n'y croyait guère. Rufus s'était mal conduit deux jours de suite, pouvait-on espérer qu'il se tiendrait mieux chez Anya ?

On changea de sujet. Cora se mit à parler de son école : elle *adorait* ses nouveaux professeurs. Puis Jenifer raconta l'histoire de Duncan et d'Isa.

Anya écoutait avec intérêt.

— Allons-y après le repas, suggéra-t-elle. Je voudrais jeter un coup d'œil à ce veau.

— Tu veux bien ? s'écria Jenifer. Ça serait génial !

— Et tes devoirs ? objecta sa mère.

— Je les ai finis, répondit Jenifer.

Puis, avec une pointe de remords, elle ajouta :

— Pendant la retenue.

— La retenue ? s'étonna Jack.

Avec une moue, elle lui avoua qu'elle avait été en retard deux fois de suite et que Mme Orne ne l'avait même pas laissée s'expliquer.

— Elle est méchante, conclut-elle.

Cora approuva :

— Ma pauvre, tu vas devoir la supporter toute l'année !

À ces mots, Jenifer sentit son estomac se nouer.

Norma soupira :

— Ma chérie, je sais que tes retards étaient justifiés. Mais ta maîtresse a tout de même raison : l'école aussi est très importante, et tu dois arriver à l'heure.

— Tu penses que j'aurais dû laisser Curly mourir ?

— Bien sûr que non. Mais tu as décidé d'être en retard en connaissance de cause, et

maintenant, il te faut en assumer les consé-
quences.

– Une semaine de retenue ! protesta
Jenifer, boudeuse.

– Je pense que ça en valait la peine,
observa Cora.

Jenifer lui sourit. En effet, une semaine
de retenue, ce n'était pas très grave. Au
besoin, elle aurait accepté d'être collée toute
l'année pour sauver Curly ! Elle trouvait
tout de même que Mme Orne aurait dû la
laisser s'expliquer.

Quand Jenifer et Anya quittèrent la
maison après le repas, le ciel était d'un bleu
limpide. Les rares nuages se teintaient de
rose à l'approche du coucher du soleil.
Jenifer tira la fermeture éclair de son sweat-
shirt et rabattit le capuchon. L'air fraîchis-
sait. Elle songea à John. Si seulement sa
carapace pouvait se ressouder avant l'arrivée des premiers froids !

Elles s'installèrent dans le 4x4 ; Anya mit
le moteur en marche et prit la 2A pour sortir
de la ville. Elle avait téléphoné aux Crowe

pour les prévenir de sa visite et se faire indiquer le chemin.

Après avoir roulé un moment en silence, elle demanda :

— Ainsi, ce jeune Duncan est un de tes amis ?

— Oh non ! protesta Jenifer. En fait, je ne l'aime pas beaucoup. Il se trouve très drôle, alors qu'il ne l'est pas du tout.

— Ah bon.

Quelques minutes plus tard, Anya s'engagea dans une allée cahoteuse qui conduisait vers une modeste maison à charpente de bois. À travers une fenêtre, on apercevait la lueur bleutée d'un écran de télévision. Un énorme camion stationnait sur le côté. M. Crowe était rentré.

— Voilà Duncan ! s'exclama Jenifer en apercevant le gamin assis devant le porche.

Il se leva et s'approcha du 4x4 tandis qu'Anya coupait le contact.

Jenifer sortit du véhicule :

— Tante Anya, je te présente Duncan. Duncan, voici ma tante.

— Alors, vous voulez voir le plus beau veau du comté ? fit Duncan.

— Si c'est possible, répondit Anya en souriant.

— Avec plaisir ! Suivez-moi, je vous prie, reprit Duncan en s'inclinant devant elle.

Ils contournèrent la maison et entrèrent dans la cour.

— Je vous présente Isa, proclama Duncan avec fierté.

Isa était couchée sous l'unique arbre du pré, un sorbier sauvage aux branches tentaculaires. Elle ruminait en les regardant s'approcher. C'était une Holstein à la robe noir et blanc, avec une longue bande blanche allant du front au mufle.

— Bonjour, murmura Anya en s'accroupissant à côté de l'animal et en lui passant la main sur le flanc.

— Meuuuuh…, répondit le veau.

— Jenifer m'a dit qu'Isa refuse de manger, dit Anya en se tournant vers Duncan.

Le gamin répondit par un signe de tête affirmatif.

— Pourtant, elle a l'air bien nourrie, observa la vétérinaire. Elle a le poil luisant et les yeux brillants. Quelle est sa ration quotidienne ?

— 2,7 kilos de grain par jour, plus du foin. Mais ce matin, elle n'a pas terminé.

— Elle passe toute la journée ici ?

— Oui.

Anya parcourut le pré du regard. Jenifer l'imita, analysant les détails : environ 2 hectares ; l'herbe était roussie par endroits, mais dans l'ensemble, elle paraissait bonne. Une clôture de bois en partie effondrée entourait le pré.

— Ma foi, il est probable qu'Isa profite aussi des pâturages, ce qui explique son manque d'appétit quand tu lui donnes sa ration, reprit Anya.

— C'est mauvais pour elle ? demanda Duncan.

— Pas forcément. Ce qui compte, c'est sa vitesse de croissance. C'est elle qui t'indiquera si son régime lui convient.

Duncan fronça les sourcils :

– Que faut-il faire ? L'emporter dans la salle de bains et la poser sur le pèse-personne ?

Anya hocha la tête :

– Ce serait peut-être difficile. Mais on peut la mesurer. J'ai un mètre-ruban dans mon 4x4.

Elle alla le chercher et montra à Duncan comment s'en servir.

– Essaie, dit-elle.

Duncan prit le mètre avec une moue stupide :

– Viens, Isa, susurra-t-il en parlant au veau comme s'il s'agissait d'un bébé. On va te mesurer, ma jolie. Si tu es bien sage, on t'offrira un beau soutien-gorge.

Jenifer leva les yeux au ciel. Elle détestait le voir faire l'idiot, en particulier lorsque Anya lui offrait de son précieux temps. Il aurait pu au moins lui témoigner un peu de respect !

Mais Anya ne semblait pas y prêter attention. Elle patienta pendant que Duncan faisait lever le veau et lui passait le mètre autour du ventre. Il lui fallut un temps fou pour lire les chiffres.

— Combien ? demanda Anya.

— Euh… soixante-douze centimètres, répondit Duncan.

— Bien. Note ces chiffres. Tu la mesureras de nouveau demain. Isa doit grandir chaque jour. Si sa croissance s'arrête ou ralentit, c'est qu'il y a un problème.

— On dirait des devoirs du soir ! s'exclama Duncan.

— Un peu, convint Anya.

Le visage du gamin s'éclaira :

— Mais ça en vaut la peine, si elle remporte le ruban bleu à la foire ! Vous croyez qu'elle peut gagner, mademoiselle Goodwin ?

— Tout dépend de toi, répondit Anya. Elle est bien proportionnée, mais la compétition sera rude. Seuls les veaux les plus gros et les plus sains décrochent un ruban.

— Isa et moi n'avons pas peur de la compétition, rétorqua Duncan d'un air crâne.

— Il y autre chose qui m'inquiète, reprit Anya. Rien n'empêche Isa de sortir du pré si elle en a envie. Pire encore, un prédateur peut s'y introduire.

Duncan jeta un coup d'œil à Jenifer.

— Par exemple, un de ces loups si chers à Jenifer? plaisanta-t-il.

Elle lui fit la grimace. Duncan et d'autres camarades d'école passaient leur temps à la taquiner au sujet des loups. « Et alors! » songea-t-elle. Elle était fière d'avoir contribué à la réintroduction de l'espèce dans le Montana.

Les loups gris étaient jadis nombreux sur le site de l'actuel parc naturel de Goldenrock. Deux siècles plus tôt, à l'arrivée des premiers Européens dans l'Ouest américain, les forêts abritaient des milliers de loups. Puis, peu à peu, les Européens avaient colonisé les terres, construisant des barrières, des chemins de fer et des villes, et introduisant de grands troupeaux de vaches et de moutons. Leur survie dépendait de celle de leurs bêtes; aussi se montraient-ils très hostiles envers tout ce qui menaçait leur cheptel, en particulier les loups, qu'ils pourchassèrent jusqu'à leur disparition complète.

Au bout de quelques décennies, on observa des changements dans la forêt. Les animaux, dont les loups faisaient autrefois leurs proies, se mirent à proliférer. Les élans et les cerfs devinrent une menace pour certaines variétés végétales.

On envisagea une réintroduction de l'espèce. Norma, Jack et Anya soutinrent le projet avec enthousiasme, de même que Jenifer dès qu'elle fut en âge de comprendre le problème.

Il fallut se battre pendant longtemps. Enfin, l'été précédent, une douzaine de loups avaient été lâchés dans le parc naturel. Une femelle avait donné naissance à des petits – les premiers louveteaux de Goldenrock en soixante-dix ans !

Certains ranchers et fermiers trouvaient cette initiative dangereuse. Leur attitude ressemblait en tout point à celle de leurs arrière-arrière-arrière-grands-parents. Selon eux, prédateurs et bétail ne pouvaient pas cohabiter. Même Josie, la meilleure amie de Jenifer, qui vivait dans un ranch, partageait leur opinion.

D'autres, comme Duncan, trouvaient idiot de se mettre en ébullition pour une douzaine d'individus.

— Attention, Isa, fit-il en riant, le grand méchant loup va venir te dévorer !

Anya sourit avec indulgence :

— Je ne crois pas que ton veau ait grand-chose à craindre des loups, observa-t-elle. Mais je n'en dirais pas autant des panthères et des coyotes. Crois-tu que ton père pourrait t'aider à réparer cette clôture ?

— Bien sûr ! répartit Duncan en faisant tournoyer le mètre autour de sa tête. Il devrait avoir un peu de temps libre d'ici 2045.

— Il travaille beaucoup, n'est-ce pas ?

— Seulement si l'on appelle « beaucoup » le fait d'être sur la route sept jours sur sept. Il fait l'aller-retour entre ici et la Caroline du

Nord toutes les semaines. Vous savez où se trouve la Caroline du Nord ? C'est loin, très loin !

Anya hocha la tête. Elle jeta un coup d'œil préoccupé sur le pré qui s'assombrissait à l'approche du soir :

— Tu laisses Isa ici toute la nuit ?

— Bien sûr. Elle n'a pas peur des loups.

— Tu as un chien ?

— Non.

— Tu devrais peut-être demander à tes parents d'en acheter un. Ou un âne. Les ânes sont très utiles pour protéger le bétail contre les prédateurs.

Duncan éclata de rire :

— Un âne ? Hi haaan ! hennit-il en riant.

— Tu ne sembles pas inquiet, remarqua Jenifer.

La famille de son amie Josie possédait un énorme ranch, et la petite fille avait très peur des prédateurs. Pourtant, ses parents passaient la moitié de leur temps à réparer les clôtures.

Duncan haussa les épaules :

— Ma chambre se trouve juste au-dessus, répondit-il en pointant le doigt vers une fenêtre. Je passe mes nuits à surveiller Isa. Les panthères ne risquent pas de s'en prendre à ma future lauréate !

— Tu ne dors jamais ? demanda Jenifer.

— Jamais ! Je suis un vampire, ah, ah, ah !

Anya lui tapota l'épaule :

— Allons, bonne chance !

— Au revoir ! lança-t-il. À demain, Jenifer. N'arrive pas en retard !

— Salut !

Jenifer rejoignit sa tante :

— Il manque un peu de jugeote, non ?

— C'est le moins que l'on puisse dire !

8

Le lendemain matin, Jenifer se réveilla inquiète. L'année scolaire avait commencé depuis deux jours, et elle était arrivée en retard à l'école deux fois de suite. De toute évidence, sa nouvelle maîtresse l'avait déjà prise en grippe. Il allait falloir gagner sa confiance. Étape numéro un : arriver à l'heure.

Tôt levée, Jenifer se prépara en hâte sans cesser de se répéter : « Dépêche-toi, vite ! »

Lorsqu'elle ouvrit la porte donnant sur l'arrière de la maison, l'air matinal, humide et froid, la fit frissonner. Cette fraîcheur automnale lui rappela John. Elle espérait de tout cœur qu'il guérirait à temps pour pouvoir hiberner.

Elle sortit sa bicyclette de la remise. Il lui restait une demi-heure pour déposer Rufus à la clinique et arriver à l'école. Le chiot attendait dans son sac à dos, tout excité à l'idée de partir en promenade. Peut-être se figurait-il que Jenifer l'emmenait en classe avec elle?

Elle enfourcha son vélo, pédala jusqu'à la route 98, attendit qu'un gros camion de livraison l'eût dépassée sur la droite, puis grimpa sur le talus et prit la direction de la ville.

Elle songeait à Duncan et à Isa. Malgré le comportement ridicule du gamin, elle était persuadée qu'il se faisait du souci pour son veau. Raconter des blagues stupides l'aidait sans doute à se rassurer. Comment faire pour l'aider à trouver un chien de garde?

Elle dépassa le panneau qui marquait l'entrée de la ville. «Peut-être tante Anya connaît-elle quelqu'un qui a des chiots à donner. Et si j'appelais Papy Pete ? » Papy Pete était son grand-père.

Elle franchit le virage. « Mais les chances sont minces », se dit-elle. Les bons chiens de garde étaient très demandés et coûtaient cher.

D'instinct, elle jeta un coup d'œil à l'endroit où elle avait trouvé John… et freina brusquement. Quelque chose approchait de la route, presque à l'endroit où elle avait ramassé la tortue. C'était un chien ! Un retriever roux aux pattes humides et au poil tout emmêlé. Si un automobiliste prenait le virage maintenant, il ne pourrait pas le voir.

— Dépêche-toi, le chien ! cria-t-elle sans quitter sa selle.

L'animal tourna la tête vers elle, fit quelques pas en direction de la chaussée et s'arrêta pour flairer quelque chose. Elle descendit de bicyclette, pressentant le danger.

— Viens ici ! hurla-t-elle.

Le chien leva la tête, puis se remit à

flairer. Elle hésitait. Il fallait à tout prix l'écarter de cette route, mais que faire de Rufus ? Il valait peut-être mieux le poser par terre, au cas où…

Et s'il se sauvait ou la suivait ? Pouvait-elle l'attacher à son vélo ?

« Oui ! décida-t-elle. Vite ! »

Retirant son sac à dos, elle en sortit Rufus, le glissa sous son bras, attrapa sa laisse au fond du sac et la fixa à son collier. Juste à ce moment, un vague bourdonne-ment lui parvint aux oreilles… Un moteur ! Le bruit se rapprochait très vite. Elle se retourna. Un camion arrivait à toute allure, un énorme monstre à la grosse calandre argentée. Il roulait au moins à 80 kilomètres à l'heure. Jenifer ne distinguait pas le chauf-feur dans la cabine. Et lui, la voyait-il ?

Posant Rufus par terre, elle tira sur la laisse pour le ramener vers le bas-côté.

— Stop ! cria-t-elle en agitant les bras et en bondissant sur place. Arrêtez-vous, s'il vous plaît !

Le camion ne ralentit même pas. Il franchit

le virage, sans voir le chien. Elle étouffa un gémissement. Serrant la laisse de Rufus dans sa main, elle ferma les yeux et pria pour que le retriever s'écarte à temps de la route.

Elle se recroquevilla, prise d'une vague nausée. Ce bruit qu'elle avait entendu ne pouvait signifier qu'une chose : le chien avait été touché.

Lorsqu'elle rouvrit les yeux, elle vit les lumières des freins s'allumer pendant une fraction de seconde, puis s'éteindre. Le monstre poursuivait sa route.

Jenifer tremblait de tout son corps :

— Vous êtes fou ? hurla-t-elle. Vous ne pouvez pas partir comme ça !

Elle appréhendait de regarder la route ; pourtant il le fallait. Si un autre camion survenait ?

Elle se retourna. Le grand chien roux était couché sur le flanc, les pattes tournées vers elle, immobile.

— Je t'en prie, ne meurs pas ! murmura Jenifer.

Elle avait la gorge serrée et respirait avec difficulté. Une immense impression de solitude la submergea. Comment le chauffeur avait-il pu poursuivre son chemin? Que faire, maintenant?

Une petite voix intérieure lui soufflait: «Va chercher ce chien. Vite!»

Sans lâcher la laisse de Rufus, elle se précipita vers la chaussée et se contraignit à regarder le retriever. Rufus lui poussait les pattes avec le bout de son museau en gémissant. L'animal ne réagissait pas. Était-il mort ou juste inconscient?

Jenifer fut prise de vertige. Ses mains tremblaient, elle ne se rappelait plus ce qu'il fallait faire dans ce genre de situation. Si seulement sa mère avait été là! Ou Anya. «Anya! s'avisa-t-elle soudain. Il faut que je lui apporte ce chien.»

S'accroupissant, elle glissa les mains sous le retriever. Rufus fit un bond de côté et la regarda faire en inclinant la tête d'un air curieux. Un mince filet de sang s'écoulait de la gueule du retriever. Mauvais signe.

Cela signifiait qu'il y avait des lésions internes.

Vite !

L'animal était gros. Rassemblant ses forces, Jenifer prit une profonde inspiration et le souleva. En fait, il était beaucoup moins lourd qu'il n'en avait l'air.

Une voiture bleue apparut, venant de la ville. Le conducteur klaxonna. Jenifer s'élança vers l'accotement avec le chien dans les bras, sans lâcher la laisse de Rufus, qui trottinait sur ses talons.

— Viens, Ruf, dit-elle.

Elle se mit à courir tant bien que mal le long du talus en respirant par saccades. L'horrible bruit mat continuait de résonner dans sa tête. Elle avait peur. Peur que le retriever ne fût mort, peur de lui faire du mal. Et si sa colonne vertébrale était cassée ? Peut-être n'aurait-elle pas dû le déplacer…

« N'y pense pas », se dit-elle. De toute façon, il était trop tard, et elle ne pouvait pas le laisser en plein milieu de la route.

Elle continuait d'avancer, s'écorchant

103

dans les broussailles poussiéreuses qui poussaient sur les bas-côtés. Sur sa gauche, le défilé de voitures et de camions continuait, ininterrompu.

Jenifer était furieuse de devoir porter ce pauvre animal à la clinique. Pourquoi le routier ne s'était-il pas arrêté? Refusait-il d'admettre qu'il avait blessé ou tué un chien en conduisant comme un fou? Ou s'en moquait-il complètement?

Elle passa devant la station-service. Le chauffeur d'un énorme véhicule immatriculé dans le Colorado la regarda d'un air étonné.

D'accord, elle avait l'air d'une folle à marcher le long de la chaussée avec un chien ensanglanté dans les bras. Et alors?

L'animal commençait à lui peser. Elle serra les dents : l'essentiel était d'arriver le plus vite possible à la clinique.

Elle passa devant *La Cuillère en bois* sans s'arrêter.

— Jenifer! Qu'est-ce qu'il se passe, ma chérie?

C'était Mme Crouse, en uniforme de serveuse. Elle travaillait dans ce restaurant. Elle traversa le parking en courant, inquiète. Jenifer connaissait ses enfants, Pete et Maggie, ainsi que leur chat, Missy.

— Jenifer, tout va bien ? demanda Mme Crouse en la rejoignant.

— Moi, ça va. Mais ce chien a été renversé par un camion. Il est grièvement blessé. I-il faut que je le conduise chez tante A-Anya, répondit-elle, à bout de souffle.

— Bon, calme-toi, ma chérie, je suis là. Je vais t'aider, tout ira bien. Donne-le-moi.

— J… je ne peux pas. J'ai peur. S'il a la colonne vertébrale brisée, ça pourrait l'achever. Je n'aurais peut-être même pas dû le ramasser. Mais il était en plein milieu de la route !

— Je suis sûre que tu as fait ce qu'il fallait.

Mme Crouse attrapa la laisse du chiot et le prit dans ses bras.

— Je m'occupe de Rufus. Viens, je t'accompagne.

Elles continuèrent ensemble. La jeune femme passa le bras autour de la taille de Jenifer pour la soutenir.

La fillette tremblait encore, mais la présence de Mme Crouse la rassurait. Le chien lui semblait de plus en plus lourd. Il était tellement mou !

Un poids mort.

Elle pressa le pas. Sa vue se brouillait. Mme Crouse courait à ses côtés. Lorsqu'elles arrivèrent à la clinique, elle se précipita en avant pour ouvrir la porte :

— Anya ! cria-t-elle. Venez vite !

Jenifer monta les marches en chancelant. Anya sortit du cabinet :

— Jenifer, que se passe-t-il ?

— Ce chien a été renversé par un camion.

Elle était tellement soulagée de voir sa tante qu'elle fondit en larmes. Elle suffoquait. Soudain, elle sentit sa vue se brouiller.

— Qu'est-ce que je fais de lui ? demanda-t-elle, craignant de laisser tomber le blessé.

— Installe-le dans la salle de soins.

Jenifer entra dans la pièce en trébuchant. Anya l'aida à étendre le chien sur la table.

Mme Crouse les suivit en hochant la tête, une main posée sur la bouche :

— Jenifer m'a fait une peur bleue ! Quand je l'ai vue passer devant le restaurant avec ce pauvre animal ensanglanté dans les bras, j'ai cru défaillir !

Anya lui mit une main sur l'épaule :

— Merci de l'avoir accompagnée.

Mme Crouse posa Rufus par terre. Le chiot rejoignit Jenifer en trottinant et s'immobilisa à ses pieds, la tête levée vers elle.

— Mon Dieu ! s'exclama la jeune femme. J'ai quatre tables à servir au restaurant ! Il faut que j'y retourne avant que les crêpes ne refroidissent !

— Merci encore, répéta Anya.

Après le départ de la serveuse, la vétérinaire se pencha vers Jenifer et l'attira contre elle :

— Ça va mieux ?

— Euh, mouaih…, répondit Jenifer en s'essuyant les yeux.

107

Elle prit une profonde inspiration :

— Il va s'en tirer ?

— Je vais l'examiner. Pour l'instant, c'est toi qui m'inquiètes.

— Je vais bien.

— Tu trembles.

— J… j'ai eu peur. Je me sens mieux, maintenant. S'il te plaît, occupe-toi du chien.

— Bien sûr. Mais je veux d'abord que tu boives un verre d'eau et que tu te reposes cinq minutes.

— D'accord.

Jenifer saisit un gobelet en carton et alla le remplir au robinet. Elle avala une gorgée d'eau.

Rufus la suivait, traînant sa laisse derrière lui. Jenifer le prit dans ses bras et enfouit son visage dans son pelage. Puis, relevant la tête, elle observa sa tante, qui examinait le chien : elle lui passa la main sur le poil, lui inspecta les gencives, lui souleva les paupières. Elle semblait contrariée.

— Alors ?

Anya soupira.

— On dirait un chien perdu, conclut-elle.

— Possible, il n'avait pas de collier.

— Pas de collier. Maigre à faire peur. Couvert de puces. Sans doute infesté de vers.

Elle se redressa et resta immobile, les bras croisés, fixant l'animal d'un air triste.

— Qu'y a-t-il? demanda Jenifer. Qu'attends-tu pour faire quelque chose?

Anya se frotta les yeux avec lassitude.

— Jenifer, ce chien est dans un état lamentable, articula-t-elle posément. Il a le pelvis cassé, une hémorragie interne et souffre de traumatismes. De plus, il était déjà en mauvaise santé avant l'accident.

— Et alors? Tu ne vas même pas essayer de le sauver?

— Ce ne serait peut-être pas lui rendre service, répondit Anya, mal à l'aise.

Jenifer sentit la colère sourdre en elle:

— Tu veux dire qu'il vaut mieux le laisser mourir?

— Si je l'opère, il souffrira beaucoup au

réveil et mettra longtemps à guérir, expliqua Anya sans se départir de son calme. Et que deviendra-t-il ensuite? Nous serons obligées de le conduire à la fourrière. Et là, personne ne voudra l'adopter.

Jenifer n'en croyait pas ses oreilles. Anya prétendait renoncer sans même essayer? Et elle appelait cela «rendre service» au chien?

— Je lui trouverai un foyer, promit-elle, mais fais quelque chose pour lui!

Anya la dévisagea pendant quelques instants. Les joues ruisselantes de larmes, le chemisier ensanglanté…

— D'accord, céda-t-elle enfin avec un sourire las. Mais…

— Merci, tante Anya!

— Mais je ne peux pas te promettre qu'il survivra, insista la vétérinaire.

Jenifer lui sauta au cou:

— Fais tout ton possible!

Anya alla se laver les mains dans le lavabo:

— Je ferai au mieux. Maintenant, monte à

l'étage, change-toi et pars.

– Partir ? Pourquoi ?

– Jenifer, l'école !

Jenifer laissa échapper un gros mot et mit la main devant sa bouche d'un air contrit.

Anya éclata de rire :

– Ne t'inquiète pas, je ne le répéterai à personne. Allez, file !

9

Cette fois, Jenifer était *très* en retard. Elle poussa la porte de la classe avec la plus grande discrétion possible. Aussitôt, tous les regards convergèrent vers elle. «Aïe!» se dit-elle.

Marisa lui adressa un sourire compatissant. L'expression de soulagement de Josie céda vite la place à une expression inquiète. Jared jeta un coup d'œil en direction de Mme Orne.

La maîtresse se leva avec lenteur et regarda Jenifer par-dessus ses grosses lunettes noires.

— Jenifer Sullivan, articula-t-elle en détachant bien chaque syllabe. C'est le troisième jour de suite que tu arrives en retard. *Tu dois* changer d'habitudes.

Jenifer aurait bien voulu s'expliquer, mais il était inutile d'essayer. Mme Orne répondrait : « pas d'excuses ».

— Désolée, dit-elle avec une pointe d'amertume.

Elle trouvait la maîtresse injuste. D'accord, il fallait arriver à l'heure, mais il existait des choses bien plus importantes. Par exemple, sauver un animal d'une mort certaine. Même si elle enfreignait le règlement, Jenifer n'avait pas le sentiment d'avoir fait quelque chose de mal.

Elle se glissa derrière son pupitre en s'efforçant de se faire toute petite.

La journée passa avec une lenteur insupportable. La fillette songeait sans cesse au retriever, se demandant s'il était toujours en vie. Elle savait qu'Anya ferait tout son possible pour le tirer d'affaire, mais rien n'était gagné.

La retenue était le pire moment de la journée. Jenifer avait hâte de quitter l'école, hâte de fuir Mme Orne, hâte de savoir où en était le retriever. Il fallait qu'il survive !

Jenifer lui trouverait un foyer. Norma et Jack lui permettraient-ils de le garder ? On pouvait en douter. La fillette se rappelait leur réaction lorsqu'elle avait proposé de prendre un deuxième chien pour tenir compagnie à Rufus. Peut-être trouverait-elle quelqu'un dans sa classe ? Soudain, elle songea à Duncan, assis à quelques pupitres d'elle. Il était penché sur son manuel de mathématiques, la main gauche crispée sur son crayon.

Duncan avait besoin d'un chien pour garder Isa, le retriever avait besoin d'un foyer. Pourquoi ne pas les réunir ?

Génial !

Jenifer ignorait si le retriever ferait un bon chien de garde. Mais il pourrait au moins aboyer si une panthère s'introduisait dans la cour des Crowe. À condition qu'il vive, bien entendu…

Elle décida d'attendre de voir où il en était avant d'en parler à Duncan.

Satisfaite, elle leva les yeux vers l'horloge. Vingt et une minutes s'étaient écoulées. La retenue avait déjà duré une minute de trop. L'aiguille des minutes bougea. Deux minutes de trop.

Duncan et Jenifer échangèrent un regard désespéré : quand Mme Orne allait-elle les libérer ?

La maîtresse dut sentir leur inquiétude. Elle leva les yeux :

— Duncan, tu peux partir. Jenifer, j'ai deux mots à te dire.

Duncan adressa un coup d'œil compatissant à sa camarade d'infortune, ramassa ses manuels et s'enfuit. Jenifer rangea ses affaires et s'approcha du bureau de la maîtresse.

— Je tiens à t'avertir que je vais prendre contact avec tes parents dès ce soir, dit cette dernière avec froideur. Je veux leur parler de tes retards à répétition.

Jenifer faillit hausser les épaules.

— Très bien, répondit-elle d'un ton maussade.

Elle savait que Norma et Jack comprendraient ses raisons.

— Je peux partir, maintenant ? demandat-elle.

— Oui. À demain.

Jenifer fit un signe de tête et sortit en hâte.

Trois minutes plus tard, elle entrait en trombe dans la clinique. Anya était au téléphone, mais elle s'interrompit et couvrit le combiné d'une main pour informer sa nièce que le retriever se trouvait dans la salle des pensionnaires.

« Il a survécu ! » songea Jenifer avec soulagement. Elle adressa un sourire reconnaissant à sa tante et s'engagea dans le couloir. Rufus bondit hors du cabinet et la suivit en trottinant.

La salle des pensionnaires était pleine de cages de différentes tailles. Anya y gardait les animaux convalescents et ceux qui attendaient que leurs maîtres viennent les récupérer.

La tortue paressait dans un grand aquarium dans un coin de la pièce. Elle se déplaçait avec lenteur, un brin de persil dans le bec. Jenifer se réjouit de la voir manger.

Le retriever dormait sur un coussinet dans une cage basse, couché sur le côté. Il avait l'air tout mou, plongé dans un sommeil si profond que ses muscles avaient perdu tout leur tonus.

Certes, il était assommé par les médicaments qu'Anya lui avait administrés pour l'anesthésier avant l'opération, mais quand même, il paraissait bien faible... Son souffle était imperceptible, on aurait dit qu'il allait s'arrêter d'une seconde à l'autre.

— Bonjour, mon chéri, murmura Jenifer en s'asseyant par terre devant la cage et en ouvrant la porte.

L'abdomen du chien était rasé et bandé avec soin. Il sentait l'antiseptique et la poudre antipuces.

Jenifer lui caressa la patte.

— Salut, souffla-t-elle d'une voix rauque. Sale journée, hein ? Allons, ne t'en fais pas !

Ça va s'arranger. On va s'occuper de toi. Tu vas aller mieux.

Rufus s'accroupit et posa la tête sur les genoux de la fillette en gémissant doucement.

— Pas de panique, mon vieux, dit-elle en lui grattant la tête. Ton copain va guérir, tu verras.

Ils restèrent immobiles devant la cage jusqu'à ce que Jenifer sentît ses jambes s'engourdir. Son estomac se mit à gargouiller; elle commençait à avoir faim. Elle se leva, s'étira et partit voir s'il y avait quelque chose à manger. Rufus lui emboîta le pas.

Anya se trouvait dans la salle de soins, occupée à faire un détartrage à un terrier.

Rufus dressa les oreilles et se mit à aboyer.

— Chut! le rabroua Jenifer.

Il se tut. Mais maintenant le terrier cherchait à descendre de la table pour faire connaissance avec Rufus.

Anya ne riait pas.

— Jenifer, par pitié, emmène Rufus dans mon cabinet, ordonna-t-elle d'un ton irrité.

— D'accord !

Jenifer souleva le petit chien, l'emporta dans le bureau et revint dans la salle de soins. Le terrier était toujours sur la table. Anya lui nettoyait les molaires.

— Comment va ton protégé ? demanda-t-elle sans s'interrompre.

— Toujours endormi.

Anya soupira :

— Il est très affaibli.

— Je sais, reconnut Jenifer avec un pincement au cœur. Même Rufus s'en rend compte.

— Hum ! grogna Anya en fronçant les sourcils.

— Qu'y a-t-il ?

Anya soupira de nouveau :

— Eh bien, Rufus a été insupportable, aujourd'hui. Il n'a pas cessé d'aboyer après mes patients.

Jenifer pâlit. Elle hocha la tête tristement :

— Qu'est-ce qu'il lui arrive ?

— Je ne sais pas. Mais je ne peux pas le

laisser déranger des animaux déjà malades ou angoissés.

Posant son instrument, Anya caressa la tête du terrier :

— Je vais le garder jusqu'à la fin de la semaine, mais ensuite tu devras trouver une autre solution.

— D'accord, répondit Jenifer d'une voix sourde.

« Quelle solution ? » s'interrogeait-elle.

Rufus ne pouvait rester ni dans la maison, ni dehors, ni à la clinique. Et il était hors de question qu'il accompagne Jenifer à l'école. Existait-il d'autres possibilités ?

Le téléphone sonna.

— Tu peux répondre ? fit Anya. Il faut que j'en finisse avec ce petit chien-là et que j'aille voir où en est le retriever.

— Pas de problème.

Jenifer courut jusqu'au cabinet et décrocha le combiné :

— Clinique vétérinaire Goodwin !

— Euh, c'est Anya ? demanda une voix d'homme mal assurée.

– Non, je suis sa nièce, Jenifer. Anya est occupée. Voulez-vous laisser un message?

– Ben, d'accord…

Il y eut une longue pause, puis l'homme reprit:

– Dites-lui de se rendre chez les Crowe.

Le père de Duncan! Pourquoi appelait-il? La visite d'Anya l'avait-elle contrarié? Isa était-elle malade?

– Pouvez-vous me dire de quoi il s'agit?

– Demandez-lui simplement de venir tout de suite, répondit M. Crowe.

Puis il raccrocha.

10

Jenifer retourna en courant dans la salle des pensionnaires transmettre le message de M. Crowe, en insistant sur le fait qu'il paraissait paniqué.

Sans perdre une seconde, Anya enfila sa veste, attrapa ses clefs et se rua vers le 4x4.

– Je peux venir avec toi ? demanda Jenifer.

Il lui restait encore une heure avant le dîner.

– Bien sûr ! Monte !

Jenifer enferma Rufus et Boris dans le

bureau d'Anya et rejoignit sa tante dans le véhicule. La vétérinaire mit le moteur en marche, appuya sur l'accélérateur et prit la 98 en direction de la route 2A. Jenifer boucla sa ceinture de sécurité et regarda par la vitre.

Le ciel était limpide, d'un bleu profond. Le soleil descendait vers l'horizon, semblable à une énorme orange d'où s'écoulait une lumière dorée. Tout, les bâtiments, les voitures, les vaches qui paissaient dans les prés, et même les brins d'herbe, projetait des ombres démesurées.

Dès que le 4x4 pénétra dans la cour des Crowe, Jenifer sentit que quelque chose n'allait pas. Les lumières de la maison étaient allumées, alors qu'il ne faisait pas encore nuit.

– Tout le monde est sous le porche, observa Anya en arrêtant le moteur.

Elles descendirent de voiture et se dirigèrent vers la maison.

Une femme aux cheveux gris noués en queue-de-cheval était assise sur un vieux fauteuil à bascule très bas. Pippa, la sœur cadette de Duncan, perchée sur l'un des accoudoirs, se blottissait contre sa mère. Debout derrière elles, Duncan croisait les bras.

Quand Jenifer et Anya arrivèrent à portée de voix, M. Crowe sortit de la véranda. C'était un homme sec aux cheveux coupés ras.

Duncan et Pippa pleuraient, Mme Crowe avait l'air abattue, et son mari ne souriait pas.

– Bonjour! lança Anya. On me dit que vous avez besoin de mon aide.

Sans répondre, M. Crowe dévisagea Jenifer pendant quelques minutes avant de se tourner vers Anya.

Gênée, Jenifer se balançait d'une jambe sur l'autre. Si elles dérangeaient, pourquoi M. Crowe avait-il téléphoné?

– Isa a un problème? demanda Anya.

– On peut présenter les choses de cette manière, répondit M. Crowe avec un hochement de tête.

Anya réfléchit un instant :

— Où est-elle ?

— Derrière.

Anya partit dans la direction qu'il lui indiquait. Après quelques secondes d'hésitation, Jenifer lui emboîta le pas. Son cœur battait la chamade. À en juger par l'expression de la famille Crowe, le spectacle ne devait pas être beau à voir.

Anya s'était immobilisée sous l'arbre où elle avait examiné Isa la veille au soir. Le veau était couché sur le flanc. De sa place, Jenifer ne distinguait que deux pattes noir et blanc. Anya lui bouchait la vue. La fillette se décala vers la droite. Anya se rendit compte de sa présence.

— Jenifer, ne t'approche pas ! cria-t-elle.

Trop tard. Jenifer avait tout vu.

Isa avait le ventre ouvert, comme si on l'avait entaillée avec un couteau de boucher. Quelque chose de blanc et de spongieux s'écoulait de ses boyaux. L'une de ses pattes était rongée jusqu'à l'os. Des mouches tournaient autour de la dépouille.

– Non! gémit Jenifer en fermant les yeux et en levant une main vers sa bouche.

Elle n'avait jamais rien vu d'aussi horrible, même dans ses pires cauchemars.

Malgré son émotion, son cerveau fonctionnait à toute allure, essayant d'analyser le sens de cette vision d'épouvante. Quelque chose avait *dévoré* Isa.

Mettant les deux mains sur les épaules de sa nièce, Anya la força à se retourner vers la maison.

– Pars, ordonna-t-elle en la poussant en avant.

Jenifer obéit comme dans un mauvais rêve.

Quelque chose avait tué Isa, puis l'avait mangée. Mais quoi?

Quelque chose de gros.

Un prédateur. Ou une meute de prédateurs. Par exemple… un loup!

Jenifer s'arrêta net, l'estomac retourné, les yeux fixés sur la cour qu'elle ne voyait pas.

Un loup.

Elle imaginait très bien la scène. L'un de ses chers loups bondissant hors des fourrés pour se jeter sur la pauvre Isa qui ruminait tranquillement comme une brave vache douce et bête. Elle n'avait même pas réagi lorsque les crocs acérés lui avaient déchiré le ventre, que les pattes puissantes l'avaient plaquée au sol.

Un loup… qui avait fait son travail de loup : tuer les animaux plus faibles que lui pour les dévorer.

Le sang de la fillette se figea.

Elle se rappela les nombreuses fois où, satisfaite d'elle-même, elle avait soutenu devant Josie que Goldenrock avait besoin des loups. Josie répondait toujours que les ranchers devaient protéger leur bétail, ce qui excluait la présence des fauves. Pas de loups, même s'ils faisaient partie de l'éco-système de Goldenrock. Jenifer n'avait jamais vraiment prêté attention aux arguments de Josie. Maintenant, elle comprenait.

Arrivée au porche, elle se laissa tomber sur les marches. Ses genoux tremblaient.

Incapable d'articuler un son, elle ne dit rien aux Crowe, lesquels n'ouvrirent pas la bouche non plus.

« C'est ma faute, songeait-elle. Si je ne m'étais pas battue pour la réintroduction des loups, ce ne serait jamais arrivé. »

Anya apparut au coin de la maison, passa devant sa nièce et s'arrêta devant le fauteuil à bascule, faisant face à toute la famille.

– Isa est morte, prononça-t-elle avec calme. Je ne peux plus rien pour elle, si ce n'est vous aider à l'enterrer.

M. Crowe soupira :

– Je vais chercher des pelles.

– Qui lui a fait ça ? souffla Pippa.

– Un coyote, répondit Anya. Mais ne crains rien, les coyotes ne mangent pas les petites filles.

Pippa lui répondit par un pauvre sourire.

Un coyote ! Jenifer n'en croyait pas ses oreilles. C'était un coyote qui avait tué Isa, pas un loup !

M. Crowe revint avec les pelles, et Anya l'accompagna derrière la maison. Mme

Crowe se leva péniblement et entra dans la cuisine.

Pippa, Duncan et Jenifer restaient sous le porche, hébétés. Personne ne dit mot. Le soleil sombrait à l'horizon, le ciel tourna au rouge, puis au violet… C'était splendide ; pourtant toute cette beauté ne faisait qu'accroître la tristesse de Jenifer. Le choc mat des pelles heurtant la terre lui parvenait de derrière la maison.

« C'est un coyote qui a tué Isa, pas un loup », se répétait-elle. Cette pensée ne suffisait pas à la réconforter. Isa était tout de même morte.

Une autre idée lui vint à l'esprit : Isa enterrée, les Crowe n'avaient plus besoin d'un chien de garde. Elle allait devoir trouver une autre famille d'adoption pour le retriever. C'était injuste ! Isa et lui semblaient faits l'un pour l'autre !

Anya revint vingt minutes plus tard, trempée de sueur, le visage encrassé.

— Prête ? lança-t-elle à sa nièce.

— Oui.

Elles saluèrent les Crowe et retournèrent vers la voiture.

– Comment sais-tu que c'était un coyote? s'enquit Jenifer dès qu'Anya eut mis le moteur en marche.

Elle ne parvenait pas à se convaincre que les loups n'y étaient pour rien.

– À la manière de tuer, répondit Anya. Les coyotes sont les seuls animaux capables d'ouvrir leurs proies d'une façon aussi chirurgicale. Pourquoi me demandes-tu ça?

– Je pensais aux loups.

Anya hocha la tête. Elle comprenait. Jenifer venait d'être brutalement confrontée à une question qu'elle avait réussi à éluder jusque-là: les loups sont des prédateurs. Comme les coyotes. L'écosystème avait peut-être besoin d'eux, mais cela ne les empêchait pas d'être aussi des tueurs.

11

Ce soir-là, Jenifer écrivit une autre lettre au rédacteur en chef de *La Gateway Gazette*.

Monsieur le rédacteur en chef,

Le virage de la route 98, juste avant l'arrivée en ville, est très dangereux. Ce matin, j'ai vu un camion de livraison renverser un retriever à cet endroit. Le conducteur ne s'est même pas arrêté. Le chien a le pelvis cassé et souffre de traumatismes et d'hémorragie interne. Anya Goodwin le soigne, mais il n'est pas certain qu'il survive.

Je vous en prie, dites aux gens de ralentir.

Veuillez agréer, Monsieur le rédacteur en chef, l'assurance de mes sentiments distingués.

Jenifer Sullivan

Elle imprima la lettre et la porta à Jack, qui était en train de faire la vaisselle dans la cuisine. La tête penchée sur le côté, il tenait son portable coincé entre son oreille et son épaule et parlait à quelqu'un.

— Je suis désolé qu'elle vous ait dérangée, dit-il en mettant une dernière assiette dans le lave-vaisselle et en fermant le robinet. En fait, Jenifer est une enfant très responsable.

« Ça y est, super ! » songea Jenifer.

Elle se laissa choir sur une chaise devant la table. Mme Orne avait mis ses menaces à exécution et avait appelé ses parents. Eh bien, au moins, Jack la défendait. Peut-être la maîtresse consentirait-elle à l'écouter, lui ?

Levant les yeux vers sa fille, Jack lui adressa un signe de tête.

— Je suis certain qu'elle n'arriverait jamais en retard sans raison valable, poursuivit-il.

Ah, ah, Mme Orne n'allait pas apprécier ! De fait, Jack fronça les sourcils et hocha la tête : sans doute son interlocutrice lui faisait-elle la leçon.

— Je vois, fit-il d'un ton irrité. D'accord, je vous promets qu'elle arrivera à l'heure demain.

Après une pause, il reprit :

— Oui, oui, et les jours suivants aussi. Je comprends. Au revoir.

Il éteignit le portable et se tourna vers Jenifer :

— Elle est méchante, soupira-t-il.

— C'est ce que je n'arrête pas de répéter à tout le monde !

Jack pointa son portable vers elle :

— Mais tu sais ce qu'il te reste à faire, hein ?

— Je sais, répondit-elle en baissant la tête.

— Allez, viens, fit Jack. Au lit, maintenant ! Je te réveillerai très tôt, demain matin.

– D'accord.

Elle lui tendit la lettre et monta dans sa chambre.

Le réveil fut difficile, et elle eut beaucoup de mal à s'extraire de ses couvertures. Tout le monde était encore à la table du petit-déjeuner lorsqu'elle sortit son vélo de la remise. Elle se donnait quarante-cinq minutes pour déposer Rufus à la clinique et arriver à l'école. C'était beaucoup plus qu'il n'en fallait ; cette fois, rien ne pourrait l'empêcher d'arriver à l'heure.

Pourtant, elle ressentit une vague appréhension en arrivant au fameux virage.

« Pitié, pas d'incident aujourd'hui ! » supplia-t-elle intérieurement.

Tout se passa bien. Il n'y avait pas d'animal blessé sur la route, aucune bête en vue : tout le monde devait encore dormir.

Arrivée à la clinique, elle coucha son vélo dans l'herbe et franchit les marches du perron quatre à quatre. Anya avait proposé de garder Rufus jusqu'à la fin de la semaine, et, faute d'avoir trouvé une autre solution, Jenifer l'avait prise au mot.

La porte d'entrée était fermée. Sortant sa clef, Jenifer ouvrit. Boris sortit du cabinet et vint à sa rencontre en remuant la queue ; mais Anya ne se montrait toujours pas. On entendait de l'eau couler à l'étage. Elle devait être sous la douche – à une heure pareille !

Jenifer posa Rufus par terre. Boris lui flaira la truffe en guise de bonjour.

– Il faut que j'y aille, leur dit la fillette.

Puis elle se ravisa : arriver à l'école avant les maîtresses, et même avant le concierge, ne servait à rien.

« Je vais d'abord voir si tout va bien ici, se dit-elle. J'ai largement le temps. »

Elle se dirigea vers la salle des pensionnaires, suivie de Rufus et Boris. D'abord aller voir la tortue. John avait sorti la tête de sa carapace. Impossible de dire s'il allait mieux ou non.

Ensuite, Jenifer s'approcha du retriever. Il était réveillé et la fixait d'un air triste, un peu perplexe.

– Bonjour, mon vieux! lança-t-elle. Comment te sens-tu, ce matin?

Il remua la queue et reposa la tête sur ses pattes avec un soupir. Il paraissait déprimé.

Rufus rejoignit sa maîtresse et appuya son museau contre les barreaux de la cage, essayant de flairer son occupant.

Le retriever leva la tête et l'inclina sur le côté, intrigué. Il essaya de ramper vers la porte, mais ses bandages le gênaient.

– Vous voulez faire connaissance? demanda Jenifer.

Ni l'un ni l'autre ne semblait agressif, ils étaient juste curieux.

Elle ouvrit la porte de la cage. Rufus y entra et alla coller sa truffe contre celle du retriever. La tête du blessé était aussi grosse que le corps du chiot.

Le téléphone sonna. Anya n'était toujours pas descendue, aussi Jenifer se précipitat-elle dans son cabinet pour décrocher, s'attendant à entendre Norma ou Jack lui rappeler d'être à l'heure à l'école.

– Clinique vétérinaire Goodwin.

— Jenifer ?

— Oui ?

— C'est Bud, du garage. Je… j'ai besoin d'aide. Freddy va très mal. Il n'arrête pas de trembler.

Freddy le furet ! Jenifer se le rappelait très bien. Il avait un cancer. Une opération s'imposait.

— Attendez, Bud, je vais prévenir Anya. Tout ira bien. Restez au bout du fil.

Elle posa le combiné sur le bureau d'Anya, se retourna et… boum ! Sa tête heurta quelque chose de dur. De quoi s'agissait-il ? Oh, Anya !

— Aïe ! gémit la vétérinaire en levant la main vers son front. Qu'y a-t-il ? Pourquoi cette panique ?

— Téléphone ! C'est Bud. Freddy a un problème.

Anya s'approcha de l'appareil en se frottant le front.

— Bud ? Qu'est-ce qu'il lui arrive ?

Jenifer resta dans le couloir, inquiète. Le pauvre garçon avait l'air tellement affolé !

Cela devait être horrible de voir l'animal que l'on choie depuis si longtemps tomber malade. Très malade.

Anya écoutait attentivement.

— Freddy a une crise d'hypoglycémie, déclara-t-elle avec calme au bout d'un moment. Vous allez faire ce que je vous dis. Avez-vous du sirop Karo ? Non ? Et du miel ? Bien, ça fera l'affaire. Mettez-en un peu sur votre doigt et frottez-le sur les gencives de Freddy. Dépêchez-vous, je reste au bout du fil.

Anya et Jenifer attendirent. Quelques minutes plus tard, la voix de Bud retentit au bout de la ligne.

— C'est vrai, il va mieux ? demanda Anya avec un sourire. Formidable !

Jenifer poussa un soupir de soulagement : le remède avait fait son effet.

— Oui, poursuivait Anya dans le combiné. Je serai ici toute la journée. Mais vous savez que je ne peux pas grand-chose pour Freddy, sinon l'opérer. Avez-vous… Je vois. D'accord, amenez-le-moi tout de suite.

Je l'opérerai cet après-midi.

Elle raccrocha, l'air toujours aussi préoccupé.

— Bud a décidé de faire opérer Freddy ? demanda Jenifer.

— Oui.

— Alors, où est le problème ?

— Je n'ai pas de sang de furet sous la main, répondit Anya. L'intervention va durer longtemps, une transfusion aurait facilité les choses.

— Tu ne peux pas en trouver ?

— Je vais essayer. Le mieux serait de dénicher un furet en pleine santé qui pourrait donner un peu de son sang à Freddy.

— Je peux t'aider ?

— Non ! L'école commence dans cinq minutes ! répliqua Anya en riant. File !

Jenifer sursauta. Comment pouvait-il déjà être si tard ? Elle n'avait pas vu le temps passer. Jack et Norma allaient se mettre en colère si elle arrivait encore en retard à l'école. Sans parler de Mme Orne !

— J'y vais ! À plus tard, dit-elle en se dirigeant vers la porte. J'ai laissé Rufus dans la salle des pensionnaires.

– D'accord, répondit Anya en tournant les pages de son agenda à toute allure.

Elle adressa un sourire à Jenifer et décrocha le combiné.

La fillette fonça vers sa bicyclette.

12

La cloche sonnait lorsqu'elle arriva à l'école. La cour de récréation était vide. Elle vit un élève plus âgé ouvrir la porte d'un grand coup et se précipiter à l'intérieur.

— J'arrive, j'arrive! marmonna-t-elle.

Glissant sa bicyclette dans le râtelier, elle attrapa son sac à dos et courut vers sa classe. Elle réussit à entrer juste avant que Mme Orne ne referme la porte.

— Tu es en retard, observa la maîtresse.

Jenifer pointa le doigt vers l'horloge:

— Pas vraiment, répondit-elle, à bout de

souffle, avec un regard implorant. Il est *encore* 8 heures 20.

Mme Orne fit un pas de côté pour la laisser entrer.

— Tu peux aller t'asseoir, prononça-t-elle d'un air sévère.

— En fait, j'ai une faveur à vous demander, s'aventura Jenifer.

La maîtresse Orne haussa les sourcils :

— Ah bon ? fit-elle en regardant la fillette par-dessus ses lunettes.

— Puis-je faire une annonce ? C'est important.

Mme Orne la dévisagea avec une expression mi-critique, mi-intéressée :

— Je t'en prie.

Jenifer alla se placer devant le bureau de la maîtresse. Ses camarades étaient assis à leurs pupitres, Jared au premier rang, juste sous son nez, Duncan affaissé sur son siège, l'air déprimé. Le pauvre ! Il devait être abattu par la mort d'Isa. Marisa adressa à Jenifer un sourire intrigué. Josie, quant à elle, semblait redouter ce qui allait suivre.

144

— Bonjour, tout le monde, commença Jenifer. Vous savez que ma tante Anya est vétérinaire.

Beaucoup d'élèves hochèrent la tête : Anya avait sans doute soigné un animal dans chaque famille de Gateway.

— Cet après-midi, elle va opérer un furet. Il s'appelle Freddy, et appartient à Bud, le garagiste.

Autres hochements de tête. Bud était lui aussi très connu en ville.

— Freddy a besoin d'une transfusion pour supporter l'opération. Si quelqu'un possède un furet capable de donner du sang, dites-le moi.

Elle parcourut la classe du regard. Tous les visages restaient fermés. Comprenant que personne ne pouvait l'aider, elle baissa la tête, déçue. Elle aurait tant aimé faire quelque chose pour Freddy !

— Tant pis, soupira-t-elle tristement. Merci quand même.

Une main se posa sur son épaule. Elle se retourna. Mme Orne se tenait derrière elle, une drôle d'expression sur le visage. On aurait dit qu'elle souriait !

— Je crois que je peux faire quelque chose pour Freddy, murmura-t-elle.

— Vous avez un furet ?

— Deux, répondit la maîtresse avec fierté. Bouton-d'or et Violette.

— Oh ! fit Jenifer, abasourdie.

Violette et Bouton-d'or ? Mme Orne avait des animaux domestiques ? Peut-être n'était-elle pas si méchante que cela, enfin de compte ?

— Très bien. Je vous expliquerai comment aller à la clinique, après les cours.

— Après la retenue, rectifia Mme Orne.

— D'accord…

Peut-être pouvait-on avoir des animaux domestiques *et* être méchant, après tout…

Mais Jenifer ne pouvait se dispenser de l'aide de Mme Orne. Aussi passa-t-elle son temps de retenue à dessiner une carte indiquant le chemin de la clinique pour la maîtresse. À la sortie de l'école, celle-ci rentra chez elle pour prendre Violette et

Bouton-d'or, tandis que Jenifer se rendait à la clinique en vélo.

Anya se préparait pour l'intervention quand sa nièce arriva. Elle fut enchantée d'apprendre que Jenifer avait trouvé des donneurs.

– Mme Orne devrait arriver d'une minute à l'autre, dit cette dernière.

Anya lui adressa un clin d'œil complice :

– J'ai hâte de la rencontrer ! Viens voir, je veux te montrer quelque chose avant l'opération.

Jenifer la suivit dans la salle des pensionnaires. Un spectacle surprenant l'y attendait : Rufus somnolait dans la cage du retriever, pelotonné entre ses grosses pattes de devant ! Il leva la tête en guise de bonjour, imité par son hôte.

Le gros chien avait beaucoup changé. Certes, il semblait encore affaibli par ses blessures, mais son air abattu avait fait place à un regard plein de vie. Pour la première fois, Jenifer eut la certitude qu'il allait s'en sortir.

– Rufus a passé toute la journée là-dedans ? demanda-t-elle.

Anya acquiesça d'un air à la fois fier et étonné :

– Calme et concentré, comme un brave petit infirmier.

– Pas d'aboiements ?

– Aucun. Il était trop occupé à lécher cette écorchure que son copain a derrière l'oreille !

– Notre blessé a l'air d'aller mieux.

– Il est hors de danger. Je crois que notre petit ami y est pour beaucoup.

– Eh bien ! s'exclama Jenifer en se redressant fièrement.

Après tous les ennuis que Rufus avait causés pendant la semaine, elle était soulagée d'entendre quelque chose de positif à son sujet.

– J'ai changé d'avis, reprit Anya.

– À quel propos ?

– À propos de Rufus. Je vais le garder à la clinique pendant que tu seras à l'école.

– Tu n'es pas obligée…

— Je le *veux* ! Il me sera utile. Il possède un vrai talent de guérisseur. Peut-être tient-il de toi.

— Bien sûr, se rengorgea Jenifer. Je te le laisserai.

Quelqu'un frappa à la porte.

— Ce doit être Mme Orne ! s'écria Jenifer.

— Pile à l'heure, observa Anya.

Jenifer sourit :

— Comme toujours !

Le lendemain était un samedi. Jenifer avait envie de faire la grasse matinée après une semaine difficile à l'école, mais Norma la réveilla juste après sept heures.

— Téléphone pour toi, annonça-t-elle d'une voix endormie.

— Qui est-ce ?

Norma ne répondit pas. Elle retournait dans sa chambre d'une démarche de somnambule.

Jenifer ramassa le combiné posé à ses pieds.

— Allô ?

La voix d'Anya retentit à son oreille :

— Bonjour, Jenifer. J'ai besoin de toi ici tout de suite !

Jenifer se réveilla instantanément :

— Pourquoi ? Il y a une urgence ?

— En quelque sorte, répondit Anya en étouffant un bâillement. Mon téléphone n'a pas arrêté de sonner.

— Tu veux que je réponde à ta place ? proposa Jenifer, surprise.

— C'est-à-dire que les appels sont pour toi, gloussa Anya. Ou, plutôt, pour le retriever.

— Pourquoi les gens téléphoneraient-ils à un chien ?

— Ta lettre au rédacteur en chef de *La Gazette* a paru ce matin.

— Et alors ? demanda Jenifer sans comprendre.

— Eh bien, ton protégé est devenu une vedette. La moitié des gens du comté veulent l'adopter.

— Eh, c'est génial ! s'écria Jenifer. J'arrive !

Elle se précipita vers son armoire et commença à en extraire ses vêtements. Finalement, il n'était pas si tôt que cela ! À peu près l'heure à laquelle elle se levait en semaine pour aller à l'école.

Elle était heureuse à l'idée que le chien allait enfin trouver un foyer. Il le méritait, après tout ce qu'il avait subi. Allons, les choses semblaient s'arranger malgré une semaine difficile ! Certes, il était trop tard pour sauver Isa, mais le retriever avait survécu à ses blessures, et Freddy avait bien supporté l'opération.

« T-shirt à manches longues ou chandail ? » se demandait-elle. Elle alla ouvrir la fenêtre et tendit le bras dehors pour tester la température. Brrr… Un chandail, sans hésitation !

Elle enfila son pull rouge favori.

Soudain, elle songea à John et se sentit un peu triste. Il ne serait pas guéri à temps pour hiberner, elle le sentait. La température extérieure chutait trop vite. La tortue devrait rester enfermée tout l'hiver. Anya et elle-même réussiraient-elles à la maintenir en vie jusqu'au printemps ?

« Ce n'est pas juste », songea-t-elle amèrement. Tout le monde se mobilisait en faveur du retriever, ce dont elle se félicitait, mais personne ne s'intéressait à une tortue écrasée par une voiture. Dommage que les gens restent indifférents au sort de certains autres animaux !

FIN

Protégez vos animaux

Dans cette histoire, un chat manque de mourir après avoir avalé un comprimé de Tylenol. Pourquoi ? Parce que sa maîtresse ignorait qu'une petite quantité de médicament destiné aux humains risque de tuer un animal. Quels autres produits courants de la maison peuvent présenter un danger potentiel pour vos petits compagnons à quatre pattes ?

Des poisons pour les animaux

• **Les médicaments destinés aux humains** comme l'aspirine, l'Ibuprofène, le Tylenol, les remèdes contre le rhume, et les vitamines peuvent tuer les animaux. **Conseil de prévention** : ne donnez jamais à vos animaux domestiques des médicaments destinés aux humains, sauf prescription du vétérinaire. Conservez vos médicaments hors de leur portée. N'oubliez pas qu'un chien peut mâchonner des tubes de comprimés ou de pommades conçus de façon à ce que les enfants ne réussissent pas à les ouvrir.

• Les médicaments destinés aux chiens présentent parfois un danger pour les chats et les furets, et inversement. **Conseil de prévention** : ne laissez pas vos animaux traîner dans les rues, où ils risquent de fouiller dans les poubelles et d'avaler n'importe quoi.

• Les déboucheurs, l'Ajax, les nettoyants pour WC, le savon, l'eau de Javel, les produits pour machine à laver la vaisselle et autres produits nettoyants peuvent causer de graves brûlures à la langue, à la bouche et à l'estomac de vos compagnons. **Conseil de prévention** : équipez vos placards de loquets ou rangez les produits de nettoyage hors de portée des bêtes.

• Les pièges à souris ou à cafards contiennent des ingrédients à l'odeur sucrée qui attirent les chiens, les chats, les furets et les cochons d'Inde. **Conseil de prévention** : bannissez ces pièges de votre maison et de votre cour ou placez-les à des endroits inaccessibles pour vos animaux.

• Quelques petits gâteaux au chocolat peuvent tuer un petit chien ! En effet, le chocolat est un poison pour la gent canine. **Conseil de prévention** : ne donnez jamais de gâteries chocolatées à votre chien. Tenez-vous en aux snacks adaptés à son système digestif. Les chiens adorent les friandises sucrées, aussi faut-il ranger le chocolat hors de leur portée.

• D'autres **aliments** présentent un danger pour les petits animaux : le café moulu, les oignons, le thé, le sel, les avocats. Les animaux domestiques mangent aussi des **toxiques non alimentaires**, comme les boules de naphtaline, les pots-pourris, la pâte à modeler, les adoucissants en feuilles, les piles et les cigarettes. **Conseil de prévention** : conservez ces produits hors de leur portée.

• **L'antigel**, un produit chimique destiné aux voitures, a un goût sucré. De nombreux animaux, en particulier les chats, s'empoisonnent en léchant de l'antigel renversé. Même de petites quantités risquent de causer de graves dommages à leurs reins. **Conseil de prévention** : surveillez vos chiens, furets et lapins si vous les laissez sortir, et enfermez vos chats.

• **Les engrais, herbicides et insecticides** sont potentiellement dangereux pour les animaux domestiques, en particulier les plus petits, comme les oiseaux et les cochons d'Inde. **Conseil de prévention :** apprenez à supporter les insectes et les mauvaises herbes dans les endroits où vos animaux aiment jouer. Ne les laissez jamais s'aventurer dans les parcelles que vous venez de traiter avec ces produits chimiques.

• Certaines **plantes courantes** comme les azalées, les bégonias, les rhododendrons, le laurier-rose, l'if et les lis sont toxiques, voire mortelles, pour les animaux domestiques. **Conseil de prévention** : apprenez à identifier ces plantes. Bannissez les végétaux dangereux de votre maison et de votre jardin.

• **Les colliers et aérosols antipuces** peuvent causer des troubles si vous ne suivez pas les conseils d'utilisation. **Conseil de prévention** : demandez à votre vétérinaire de vous recommander un traitement antipuces. N'utilisez jamais les produits pour chiens sur les chats, et inversement. Demandez toujours à un adulte de vous aider lorsque vous traitez votre animal contre les puces et lisez attentivement la notice.

• **Les peintures, le vernis et les teintures** peuvent rendre vos animaux malades. **Conseil de prévention** : tenez vos bêtes à l'écart lorsque vous utilisez ces produits chez vous.

Que faire si votre animal s'empoisonne ?

1. Gardez votre calme. Vous agirez plus efficacement si vous ne perdez pas votre sang-froid.

2. Essayez d'identifier le poison qui a rendu votre animal malade.

3. Appelez votre vétérinaire. Vous devriez afficher son numéro à proximité de votre téléphone.

4. Demandez à un adulte de vous confier un échantillon du poison : par exemple, un peu de produit nettoyant resté au fond de l'emballage ou une bouture de plante, afin de le montrer au vétérinaire. Cela l'aidera à soigner votre petit compagnon à quatre pattes.

701. Il faut sauver Rufus!
702. Des loups dans les montagnes
703. Un puma en danger
704. Les louveteaux introuvables
705. Urgence au rodéo
706. Au feu!